Das Kopfkissen Buch der Dame Sei Shonagon

Das Kopfkissen Buch

der Dame
Sei Shonagon

Bechtermünz

Nach dem um das Jahr 1000 von der japanischen Hofdame
Sei Shonagon verfassten »Skizzenbuch unterm Kopfkissen«
in freier Auswahl und Anordnung herausgegeben
von Helmut Bode
illustriert mit japanischen Ornamenten

Genehmigte Lizenzausgabe
für Weltbild Verlag GmbH, Augsburg 2000

Umschlaggestaltung: Thomas Uhlig, Augsburg
Gesamtherstellung: Clausen & Bosse, Leck
Printed in Germany
ISBN 3-8289-1869-7

WENN MAN HOFDAME WIRD

Als ich den kaiserlichen Palast zum ersten Male betrat, war meine Befangenheit so groß, daß ich beinahe jeden Augenblick hätte weinen mögen. Die Stunden des Tages gehörten mir, aber jeden Abend war ich zum Dienst hinter dem dreifüßigen Wandschirm der Kaiserin befohlen. Die hohe Herrin pflegte dann Bücher und Bilder hervorzuholen und mir zu zeigen. In meiner Schüchternheit wagte ich nicht einmal, die Hand nach ihnen auszustrecken. Zu jedem Bild wußte sie eine Erklärung: »Dieses Gemälde hier stellt die und die Begebenheit dar, und dieses hier erzählt eine andere Geschichte.« Im Zimmer brannten so helle Lampen, daß die Dinge darin noch deutlicher als bei Tage zu erkennen waren, was dazu beitrug, meine Verwirrung zu erhöhen. Erst ganz allmählich gelang es mir, mich zu sammeln und die Bilder zu betrachten.

Es war damals sehr kalt. Die Hände der Herrin, von denen ein wenig zu sehen war, wenn sie mir die Bildrollen reichte, waren von lieblicher, mattrosa Farbe. Nie zuvor hatte ich so wunderbare Hände gesehen, und als ich sie verstohlen betrachtete, sagte ich leise zu mir: »Nie hätte ich mir träumen lassen, daß es solche Menschen auf dieser Erde gibt.«

In der Morgendämmerung wollte ich leise davonhuschen, aber die Kaiserin rief: »Verweile noch ein wenig, o Gott von Katsuragi!« (Der Gott von Katsuragi ist so häßlich, daß er nur nachts auszugehen wagt.) Ich legte mich nieder, wählte aber meine Stellung absichtlich so, daß mein Gesicht nicht deutlich zu erkennen war. Die Fensterläden waren noch geschlossen. Als eine Dienerin sie öffnen wollte, befahl die Kaiserin, eine Weile zu warten, und die Dienerin ging lachend davon. Die Herrin plauderte dann noch mit mir, erkundigte sich über mancherlei Dinge und entließ mich endlich mit den Worten: »Es ist spät geworden, und Sie werden müde sein. Gehen Sie nun, aber kommen Sie heute abend zu guter Stunde zurück.«

Draußen lag herrlicher Neuschnee. Als ich mein Zimmer betrat, war es so spät geworden, daß ich es schon aufgeräumt und für den Tag vorbereitet fand.

Bald darauf kam eine Botschaft der Kaiserin, daß sie sich freuen würde, mich schon jetzt, am Morgen, wiederzusehen. »Die Schneewolken verdunkeln mein Zimmer so sehr, daß Sie fast unsichtbar sein werden«, schrieb sie. Ich brachte es nicht übers Herz zu gehen, auch als sich die Botschaft mehrmals wiederholte. Zu guter Letzt sagte die Älteste unseres Zimmers: »Du darfst dich nicht so abschließen. Über eine solche Gelegenheit hast du allen Grund, froh und dankbar zu sein. Glaubst du, die Kaiserin würde eine solche Botschaft senden, wenn sie dich nicht gern sähe? Wenn du jetzt nicht gehst«, fuhr sie fort, »wird die Herrin annehmen, daß du sehr schlechte Manieren hast.« So geschah es, daß ich zum zweiten Male mein neues Amt antrat und bald darauf in große Bedrängnis geriet.

Als ich in die kaiserlichen Gemächer zurückkehrte, brannte ein wärmendes Feuer. Die Kaiserin hatte neben einem Kohlenbecken Platz genommen, das aus lackierten Hölzern angefertigt war und von eingelegtem Gold schimmerte. Edle Damen warteten ihr auf. Auch im anschließenden Zimmer brannte ein großes Feuer, um das sich zahlreiche vornehm gekleidete Damen versammelt hatten. Alle benahmen sich so, als ob sie längst an soviel Pracht und Herrlichkeit gewöhnt wären. Es machte mich neidisch zu sehen, wie sorglos und anmutig sie sich bewegten. Selbst wenn sie der Kaiserin einen Gegenstand reichten, geschah es ganz ungezwungen, unter Plaudern und fröhlichem Lachen. Und ich armer Neuling zerbrach mir den Kopf, ob ich mich jemals an diese Lebensart würde gewöhnen können.

Plötzlich kündigten laute Rufe einen herannahenden Besucher an. Der Vater unserer Kaiserin wurde erwartet, und alles lief eilig hin und her, um Ordnung zu schaffen. Ich verbarg mich hinter dem großen Wandschirm, lugte aber durch einen schmalen Spalt, denn dieses Schauspiel wollte ich nicht versäumen.

Es war aber Fürst Korechika, der Bruder unserer Herrin. Wie wundervoll der Schnee draußen die Purpurfarbe seines Mantels und seiner Hosen zurückstrahlte! Er nahm nahe am Pfeiler Platz und begann zu plaudern.

»Die letzten Tage habe ich zurückgezogen verlebt, um die Fasten einzuhalten, aber der Schnee wuchs und wuchs, so daß ich in Sorge um meine hohe Schwester war.«

Die Kaiserin antworte lächelnd: »Dich hatte ich

nicht erwartet! Dachte ich doch, der Weg zum kleinen Bergdorf sei längst im Schnee verweht.« Das war eine hübsche Anspielung auf das Gedicht »An einen, der heute kommen wird«, worin es heißt:

»Verweht im Schnee sind alle Wege,
die zum kleinen Bergdorf führen,
Erfüllt von Mitleid ist mein Herz für den,
der heute kommen wird.«

Der Fürst verstand sofort und rief lachend: »Natürlich kam ich nur, um Lob für dieses Abenteuer zu ernten.«

Haltung und Gebärden der beiden waren so vollkommen wie eine der köstlichen Szenen aus unseren großen alten Romanen. Die Kaiserin trug zu einem weißen Kleid ein Übergewand aus karmesinrotem Damast, und ihr herrliches Haar floß frei darüber hinweg. Mir war, als ob ich träumte. Daß die Bilder, die ich einst betrachtet, einmal Wirklichkeit werden konnten!

Fürst Korechika plauderte dann sehr vergnügt mit den Damen. Obwohl sie ein wenig scheu waren, antworteten sie frei und offen, und als er gar einige Scherze wagte, erhob sich munterer Widerspruch. Die kleine Szene war so erregend, daß ich hinter meinem Wandschirm ob meiner eigenen Schwerfälligkeit errötete.

Während der Fürst seiner Schwester einige Früchte reichte, erkundigte er sich, wer wohl hinter dem großen Wandschirm stecke. Man nannte ihm meinen Namen, er erhob sich, aber statt hinauszugehen, wie ich es heimlich wünschte, nahm er in meiner unmittelbaren Nähe Platz und begann ein Gespräch über mancherlei Dinge und Geschichten, die er von mir vernommen hatte, ehe ich an den Hof kam.

Schon den Fürsten durch einen Wandschirm zu betrachten, war verwirrend genug gewesen, nun aber sah ich mich wie in Angstträumen einer unbekannten Macht hilflos ausgeliefert. Früher, wenn bei feierlichen Umzügen die Blicke Korechikas nur unseren Wagen gestreift hatten, wurden die Bambusvorhänge sehr sorgfältig geschlossen, und ich hielt meinen Fächer so, daß nicht ein Schimmer meines Gesichts gesehen werden konnte. Und nun, wie hätte ich antworten können, während es mich abwechselnd heiß und kalt überlief! – Ach, alle meine Sehnsucht nach dem Hofleben war verschwunden!

Jetzt entwand er mir gar mit sanfter Gewalt den Fächer, meinen einzigen Schutz! Sogleich dachte ich, meine Frisur und mein Kleid müßten genau so unzulänglich sein, wie ich mich in diesem Augenblick fühlte. O, wie wünschte ich, daß er gehen möge! Aber er dachte nicht daran, spielte mit meinem Fächer, fragte, wer ihn gemalt habe, und versuchte, mich auf diese Art zum Sprechen zu bringen. Ich aber senkte den Kopf und barg mein Antlitz in den Ärmelfalten, auf die Gefahr hin, den aufgelegten Puder zu verwischen.

Endlich schien die Kaiserin meine Nöte zu bemerken und rief ihrem Bruder zu: »Bitte, komm' doch einmal herüber. Ich möchte gern wissen, in wessen Handschrift dieses Buch geschrieben ist.« Schon wollte ich aufatmen, da antwortete er: »Bitte, schick' mir's her. Du siehst doch, daß die Dame Shonagon mir noch keinen Urlaub gewährt.« So lustig und vergnügt war er, wie ein Schulbub, aber wenn man unser Alter und unsere Stellung zueinander erwägt, war es doch sehr ungehörig.

»Den Schreiber möchte ich auch kennen«, rief er und warf einen Blick in den Band, dessen Schriftzüge sich in nichts von den alltäglichen unterschieden. »Jedoch, nichts ist einfacher: Fragen wir nur die junge Dame hier, sie kennt alle berühmten Handschriften dieser Welt!«

Gleich darauf wuchs meine Bedrängnis noch, als ein zweiter Gast erschien. Auch er trug ein kostbares Obergewand, und seine Scherze waren noch mutwilliger als die des Fürsten Korechika. Die Hofdamen wurden sehr lebhaft und zwitscherten alle durcheinander, als man auf die Offiziere zu sprechen kam.

Die Offiziere! Hatte ich sie nicht immer für höhere Wesen gehalten, für Engel, die der Himmel zu uns armen Sterblichen herabgesandt hatte!

Ich vermute, so wie mir erging es allen Neulingen –.

SCHREIBEN

Was für eine alltägliche Übung ist das Schreiben – und doch, welche wunderbare Erfindung!

Jemand, der dir teuer ist, befindet sich irgendwo, in einem weit entfernten Weltwinkel, und du bist sehr in Sorge um ihn. Plötzlich kommt ein Brief. Ist es da nicht, als ob der, um den alle deine Gedanken kreisen, plötzlich leibhaftig vor dir stünde?

Oder du schreibst einen Brief und vertraust ihm deine geheimsten Gedanken und Nöte an, obwohl du nicht einmal weißt, ob dieser Brief jemals in die Hand des Empfängers gelangen wird. Ist nicht trotz dieser Ungewißheit eine schwere Last von deinem Herzen genommen?

Wie dunkel wäre oft unser Dasein ohne die Möglichkeit, einander zu schreiben. Wenn es schon eine Erleichterung bedeutet, alles niederzuschreiben, was uns quält und bedrückt, mit der leisen Hoffnung, daß der, um den man sich sorgt, es doch eines Tages lesen wird – wieviel mehr bedeutet das Eintreffen einer Antwort! Ist sie nicht oft ein wahres Lebenselixier?

JANUAR

Der Neujahrstag mit seinem klaren Himmel, den zarte, frühlingsgleiche Schleier leicht verhüllen, lockt alles Volk im Feiertagsgewand hinaus ins Freie, und alle fließen von guten Wünschen fürs Neue Jahr geradezu über.

Am siebenten Tag dieses Monats entfaltet sich viel lärmende Geschäftigkeit um das Sammeln der »Sieben Kräuter«. Eine Reisgrütze, gewürzt mit diesen Kräutern, bewahrt vor Krankheit und Unheil. So will es ein alter Brauch, der vor vielen hundert Jahren aus China zu uns kam.

Die adligen Familien statten an diesem Tag dem kaiserlichen Palast einen Besuch ab, um der Zeremonie der »Frühlingspferde« beizuwohnen. Auch ein alter Brauch, um sich im Neuen Jahr vor Unglück und Mißgeschick zu bewahren. Die Ochsenwagen werden zu dieser Fahrt verschwenderisch geschmückt. Wenn sie am großen Palasttor polternd über die Schwelle fahren, gibt es immer fröhliches Gelächter. Die Köpfe der Wageninsassen stoßen zusammen, und mancher Haarkamm ist dabei schon zerbrochen.

An der Wache stand eine Gruppe vornehmer Offiziere. Sie hatten sich von einigen aus ihrem Gefolge die Bogen reichen lassen und vergnügten sich damit, die Pferde durch das Schwirren der Bogensehnen zu necken. Da der Hof des Palastes ziemlich schmal ist, konnte ich sehen, wie nachlässig ihre Gesichter geschminkt waren. Wie Reste schmelzenden Schnees auf brauner Erde – schrecklich häßlich! – Schließlich wurden die Pferde störrisch und machten mir Furcht. Ich ließ den Wagen weiterfahren und versäumte so das Ende der Feierlichkeiten.

15. Januar. Heute wird die Reisgrütze den Majestäten serviert. Alle, ob alt oder jung, sind zu Scherzen aufgelegt und versuchen, einander mit den Holunderruten zu schlagen, die zum Umrühren der Grütze benutzt wurden. Der oder dem Getroffenen schenkt das neue Jahr einen Sohn, heißt es. Wie lustig, die verschiedenen Kriegslisten zu beobachten und in das Freudengeschrei über einen glücklich angebrachten Schlag einzustimmen!

Darüber vergißt man nicht, nach einem Bräutigam auszuspähen, der im vergangenen Jahr begonnen hat, seine Braut zu besuchen. Die Damen wissen, welchen Weg er einschlägt, und liegen wartend im Hinterhalt. Da, wie ahnungslos und würdevoll er einherschreitet! Rasch springt eine aus ihrem Versteck hervor, versetzt ihm einen leichten Schlag und ist schon wieder verschwunden. Er läßt weder Überraschung noch Ärger merken; im Gegenteil, er lächelt recht liebenswürdig. – Aber einen roten Kopf hat er doch bekommen.

Manchmal nehmen auch Herren an diesem Spiel der Damen teil, bis jemand wütend wird und alle andern Mitspieler auszankt.

Lustig ist's auch, wenn die Statthalter der Äußeren Provinzen ernannt werden. Wie viele Bewerber laufen an diesen kalten Wintertagen mit

Bittgesuchen umher! Für junge, fröhliche Bewerber gibt es da allerlei Chancen – aber wenn plötzlich solch ein alter Graukopf uns besucht und stolz seine zahlreichen Verdienste rühmt! Wenn er wüßte, wie man seine gravitätischen Worte und Gebärden belacht, sobald er das Zimmer der Damen verlassen hat! Wie drollig, wenn er »die edlen Damen untertänigst bittet, Ihro Majestäten günstig über einen armseligen Diener zu berichten!«

MÄRZ

Die Sonne leuchtet mild über dem dritten Märztag. Die Pfirsichblüten beginnen sich zu erschließen, aber die zierlichen Blätter der Weide sind noch zusammengerollt wie die Kokons der Seidenraupe und lieblicher als später, wenn sie sich weit geöffnet haben.

Jedoch, das Schönste in diesem Monat sind mächtige, von Blüten übersäte Kirschbaumäste und schlanke Zweige, in großen Vasen aufgestellt. Davor dann eine Dame der Hofgesellschaft und ihr Bruder, ein glänzender junger Fürst in weißem Hofgewand mit grünen oder weintraubenfarbenen Säumen. Beide nehmen in unmittelbarer Nähe der Kaiserin Platz und plaudern mit äußerster Anmut und Vornehmheit. Um dieses Bild des Friedens und der Schönheit zu vollenden, wünsche ich mir fliegende Vögel und tanzende Schmetterlinge mit hinein.

Oh, der ferne verwehende Ruf des Kuckucks in der Abenddämmerung, zur Zeit des Frühlingsfestes! Alles läuft geschäftig hin und her, mit Paketen bunter Frühlingsstoffe beladen. Wie lustig, eine halbangezogene junge Frau zu beobachten, wie sie die Bänder ihrer Festschuhe ausbessert! Und die fröhlich tanzenden Kinder! – Obwohl sie doch am ersehnten Tag in ihr steifes Feiertagsgewand gesteckt werden.

Ist dann der große Tag angebrochen, so trägt

jeder seinem Stande entsprechend sein schönstes Kleid, und die ganze Sippe wandert in vollem Staat hinaus in den jungen Frühling.

LANDPARTIE UND KUCKUCKSRUF

Seit dem ersten Maitag war regnerisches oder wolkiges Wetter, und wir langweilten uns sträflich. Schließlich schlug ich eine Wagenfahrt vor: eine Landpartie zum Kuckuckruf! Alle waren begeistert und wollten mitfahren. Eine rief: »Weit, weit, am Kamofluß ist eine Brücke, in ihrer Nähe ruft der Kuckuck jeden Tag!« – »Ach was«, widersprach die nächste, »das wird wohl nur eine lächerliche Baumgrille sein!«

Kurzum, wir beschlossen, bis zu der bewußten Brücke zu fahren, und baten den wachhabenden Offizier, uns einen Wagen zur Veranda zu schikken. »Sicherlich ist's erlaubt, weil es regnet«, sagten wir, und als der Wagen kam, nahmen wir zu viert darin Platz und fuhren davon, zum nördlichen Tor hinaus. Die Zurückbleibenden wären gern in einem zweiten Wagen gefolgt, aber die Kaiserin winkte ab.

An der Rennbahn waren Gruppen lärmender Menschen versammelt. Unser Läufer erzählte, daß heute das Bogenschießen zu Pferde geübt werde. Ich ließ den Wagen anhalten, aber wir konnten den General zur Linken, der gerade angekommen sein sollte, nicht entdecken, und sonst waren nur wenige Leute des sechsten Grades zu sehen. Es lohnte nicht zu warten. Weiter führte unsere Straße, die freilich erst zur Zeit des Kamofestes am hübschesten ist. Bald mußten wir das

Haus erreichen, in dem der Onkel unserer Kaiserin wohnt, stellten wir fest – da waren wir schon da und verließen unseren Wagen.

Das Haus des Fürstes Akino Ason ist sehr schlicht und ländlich gebaut. Die Wandschirme sind zum Teil mit Papier bespannt, mit Pferdebildern darauf, andere wieder sind aus feinen Bambusfasern gewebt und die Vorhänge aus zierlichen Gräsern geflochten. Das Innere ist wenig geräumig, aber alles deutet darauf hin, daß hier an den alten Sitten und Gebräuchen der Väter festgehalten wird.

Gerade als wir uns überall umsahen, fingen gleich mehrere Kuckucke an zu rufen, so laut, daß es schon beinahe lärmend wirkte. Wie bedauerten wir unsere Herrin und die anderen, die zurückbleiben mußten!

»Da Sie nun einmal auf dem Lande sind, müssen Sie auch ländliche Sitten kennenlernen«, sagte der Fürst, und alsbald wurden Reispflanzen gebracht, und sauber gekleidete junge Frauen zeigten uns, wie das Abstreifen der Körner vor sich geht und wie die Körner dann in eine Art drehbare Trommel wandern. Zwei Frauen hielten die Trommel in Gang und maßen die Zeit durch ein kleines Lied. Alles war sehr merkwürdig, und wir vergaßen darüber ganz den Kuckuck und die Gedichte, die wir über ihn schreiben wollten.

Dann wurden Erfrischungen auf entzückenden kleinen Tischen gebracht, wie man sie auf chinesischen Bildern sehen kann, aber niemand sah sich danach um. »Ich weiß«, lächelte der Fürst, »daß das alles sehr ländliche Leckerbissen sind. Jedoch, wir pflegen unsere Gäste so lange zu nötigen, bis sie zulangen und essen, was ihnen davon schmeckt. Sollten Sie wirklich keinen Hunger haben, dann ähneln Sie unseren sonstigen Besuchern aus der Stadt wirklich herzlich wenig!« Um uns aufzumuntern, fügte er hinzu: »Diese Farnkrautschößlinge zum Beispiel habe ich selbst gepflückt!« »Aber sicherlich erwarten Sie doch nicht, daß wir wie gewöhnliche Leute alle rund um die Tische Platz nehmen«, stellte ich ihm schließlich vor. Sogleich ließ er die Erfrischungen einzeln herumreichen und sagte vergnügt schmunzelnd: »Man sieht, die Damen sind nur noch die strengste Hofetikette gewöhnt.«

Als wir so fröhlich beisammensaßen, rief plötzlich der Kutscher draußen, daß es bald wieder regnen würde. Da nahmen wir rasch Abschied und bestiegen wieder unseren Wagen. »Ehe wir abfahren, möchte ich erst noch mein Gedicht fertig haben!« rief ich. »Aber nein, das können wir doch auf dem Rückweg tun«, widersprachen die andern, und so fuhren wir. Unterwegs brachen wir Sträuße des wilden Steinbrechs und befestigten sie an den Vorhängen und Seitenwänden des Wagens. Das Dach wurde mit großen Zweigen dieser herlichen Pflanze bedeckt, und schließlich sah der Wagen aus, als ob er mit weißem Damast bespannt wäre. Unsere Diener halfen uns eifrig. Sie befestigten Zweige in allen Spalten des Flechtwerks und hatten selbst ihre Freude daran. Dann stiegen wir alle wieder ein und hofften nur, jemandem zu begegnen, der solche Pracht zu schätzen verstünde, aber ach, niemand kam, nur langweilige Priester und geringes Dienervolk begegneten uns!

Als wir die östliche Wache erreichten, sagten wir untereinander: »Wie schade, wenn uns niemand Gescheites begegnet und niemand unser prächtiges Gefährt bewundert!« Sogleich ließen wir vor der Wache anhalten und sandten einen Boten zum Erzkämmerer mit der Botschaft: »Ist der Herr Erzkämmerer zu Hause? Wir kehren soeben von einer Landpartie zum Kuckuck zurück!«

Im Augenblick war der Bote zurück und meldete: »Seine Gnaden werden sofort erscheinen und bitten um einen Augenblick Geduld!« Es hatte den Anschein, daß er extra seine Staatshosen anlegte. Daher dachten wir, es sei nicht nötig, lange zu warten, und fuhren mit Peitschengeknall auf und davon. Da rannte er plötzlich hinter uns her und knüpfte noch im Laufen seine Hosen fest! Hinter ihm rannten alle seine Gefolgsleute, eine ganze Meute. »Schneller fahren, noch schneller!« riefen wir unserem Kutscher zu, und fort brauste die Jagd. Erst am Tor überholte er uns und rief ganz außer Atem: »Donnerwetter! Sitzen wirklich gewöhnliche Sterbliche in einem solchen Wagen? Heraus mit euch und laßt mich sehen!« Und er und sein Gefolge lachten aus vollem Herzen über den gelungenen Scherz. »Aber nun möchte ich auch euere Gedichte hören«, bettelte er. »Jetzt? – Unmöglich!« antwortete ich gefaßt, »zuerst darf sie nur die Kaiserin hören.«

Während wir noch plauderten, kam ein neuer Regenguß, und der Erzkämmerer klagte: »Warum, um alles in der Welt, hat ausgerechnet dieses Tor kein Dach, während alle andern Schutz vor solchem Unwetter bieten? Und gerade heute, wo ich dieses Dach so nötig hätte! Wie soll ich nun zurück in mein Haus kommen? Ich rannte Hals über Kopf euerem Wagen nach, und nun stehe ich da!« Wir schlugen ihm vor, mit uns in den Palast zu kommen. »Aber wie kann ich denn den Palast mit einer weichen Mütze auf dem Kopf betreten?« gab er zu bedenken. Jedoch, der Regen wurde heftiger, unsere Leute zogen uns rasch ins Trockene, und siehe da — der Erzkämmerer ging bescheiden unter einem Regenschirm davon und trug einen Blütenzweig unseres Steinbrechs in seiner Hand. Es war lustig, ihm nachzusehen.

Die Kaiserin ließ sich unsere Abenteuer berichten. Wir gaben auch die Geschichte vom Erzkämmerer zum besten, und selbst die verdrießlichen Gesichter derer, die hatten zurückbleiben müssen, hellten sich auf. Aber dann kam die peinliche Frage: »Und wo sind die mitgebrachten Gedichte?« Natürlich stellte es sich heraus, daß wir keine geschrieben hatten. »Wie schade«, rief die Kaiserin, »alle Offiziere werden von dieser Reise hören, und wie sollen wir ihnen klarmachen, daß solch unerhörten Abenteuern keine Gedichte entsprungen sind?« Wieviel besser, wenn wir sie ernsthaft erwogen und aufgeschrieben hätten, derweil noch der Kuckuck rief!

Während wir unsere Dummheit noch bereuten und über unsere Gedichte berieten, wurde ein Brief des Erzkämmerers gebracht, auf feinem weißem Blumenpapier, und daran befestigt war der hübsche Steinbrechzweig, den er in seiner Hand getragen hatte. Ich las:

»Des Kuckucks Ruf? – Hätt' ich geahnt,
daß Ihr ihn sucht zur Stund',
wie hätt' gebeten ich,
zu grüßen ihn aus Herzensgrund!«

Der Bote mochte noch draußen warten. Ich sandte rasch jemand, um mein Schreibzeug zu holen, aber die Herrin drängte: »Rasch, nehmen Sie meins!« Ja, sie geruhte sogar, mir einen Bogen Papier zuzuschieben. »Wohlan«, sagte ich zu Saisho, »du bist zuerst an der Reihe.« »Aber nein, du kommst erst«, gab sie zurück. Während wir so den Kampf der Höflichkeit ausfochten, wurde der Himmel wiederum schwarz, es goß in Strömen, und der Donner grollte so mächtig, daß wir uns ängstigten, eilig umherliefen und rasch alle äußeren Türen und Vorhänge schlossen. Darüber wurde alles Verseschmieden vergessen.

Das Gewitter hielt an, bis die Dunkelheit hereinbrach, und immer noch hätten wir um unsere Gedichte gestritten, wenn nicht viele Offiziere und andere vornehme Besucher gekommen wären, um sich zu erkundigen, ob die Herrin nach diesem Sturm wohlauf sei. Natürlich mußten wir helfen, sie zu empfangen, und wieder wurden die Gedichte darüber vernachlässigt – zumal die anderen Damen jetzt den Standpunkt vertraten, das Gedicht des Erzkämmerers sei an mich gerichtet, und ich müsse es daher auch beantworten. So sehr ich es bedauerte, ich hatte weder Lust noch Laune dazu. »Ich wünschte, niemand hätte etwas von diesem Ausflug erfahren«, sagte ich zur Kaiserin, und sie antwortete: »Sicherlich könnten Sie ein hübsches Gedicht machen, wenn Sie nur wollten.« – Ich glaube, sie war ein wenig ärgerlich. »Aber wir verpaßten nun einmal die rechte Gelegenheit, und nun sind Geist und Witz dahin.« »Oh, ich fürchte, nur euere Aufmerksamkeit ist allzu plötzlich verraucht«, schloß sie, und dabei ließen wir's bewenden.

Zwei Tage vergingen. Wieder plauderten wir über unsere Landpartie. Da sagte Saisho: »Erinnerst du dich noch an die Farnkrautschößlinge, die unser hoher Wirt selbst gepflückt hatte?« Die Kaiserin hörte zu und bemerkte lachend: »Ich glaube, die Erfrischungen sind das einzige, woran ihr euch wirklich noch erinnert!« Und auf ein Stück Papier schrieb sie rasch das Versende:

»Darüber, ach, vergaßen sie,
wie schön der Kuckuck ruft.«

Rasch nahm ich meinen Pinsel, und das kleine Gedicht lautete nun:

»Sehnsucht nach frischem Farnkraut
spukt noch in der Luft,
darüber, ach, vergaßen sie,
wie schön der Kuckuck ruft!«

»Aufrichtig genug!« jubelte die Kaiserin. »Wenn ihr nur so rasch an eure Preislieder auf den Kuckuck gedacht hättet!« Ich war ein wenig aus der Fassung gebracht und antwortete: »Ich weiß nicht, warum, aber ich habe das Gefühl, daß ich keine Gedichte mehr schreiben werde. Es ist mir immer unbehaglich, wenn dieses Thema an die Reihe kommt und die Herrin mir befiehlt, mich ans Werk zu machen. Außerdem bin ich so ungebildet, daß mir sogar die Kenntnis der Versmaße abgeht, ja, daß es mir einfällt, im Frühling Wintergedichte zu schreiben, Frühlingsgedichte im Herbst, und zur Zeit der Pflaumenblüte gar verbreite ich mich weitschweifig über Chrysanthemen. Bitte, o Herrin, erwägt weiter, daß mein Vater ein wohlbekannter Dichter war! Daraus sollte folgen, daß meine Gedichte besser als andere sein müßten und andererseits, wenn sie so gut wären, daß man wirklich stolz darauf sein könnte, wenn die Leute sagen würden: ›Wie wundervoll trifft dieses Gedicht seinen Gegenstand!‹ – dann würden sie gewiß hinzufügen: ›Aber natürlich, mit solch einem poetischen Erbteil!‹ Glaubt man jedoch klug zu sein, ohne sonderliche Begabung zum Verseschreiben, und schreibt sie dann einfach freiweg hin, so ist das doch ein wenig respektlos einem berühmten Ahnen gegenüber.« Die Kaiserin lachte und sprach: »Nun denn, halten Sie das in Zukunft so, wie es Ihnen beliebt. Ich werde nie mehr auf einem Gedicht bestehen.« Oh, wie leicht wurde mir da ums Herz und wie dankte ich ihr!

TEMPELTANZ

Gestern fand das Kamofest mit dem großen Tanz im Kaiserpalast seinen Abschluß. Am Abend lohte ein herrliches Feuer auf, und die eindringliche Musik der Flöten mischte sich mit den Stimmen der Sänger. Wir waren so bezaubert, daß wir vergaßen, wie sehr wir in unseren dünnen Gewändern fröstelten und daß unsere Hände, die den Fächer hielten, langsam erstarrten. Es war scheußlich kalt.

Als der Anführer der Tanzenden die Sänger anrief, setzten sie so gleichmäßig ein, daß man ihm die Befriedigung darüber am Gesicht ablesen konnte.

Verbringe ich diesen Tag zufällig auf dem Lande, so begnüge ich mich damit, den Zug vorüberziehen zu sehen. Ich folge ihm bis zum Tempel, lasse den Wagen unter den Bäumen warten und betrachte die lodernden Fackeln und den Widerschein des Feuers auf den schimmernden Festgewändern, die dann noch farbiger leuchten als im Sonnenlicht.

So wie die Schritte der Tänzer, die auf der Brücke stampften, mit dem Lied der Sänger Schritt hielten, so gleichmäßig strömten auch die Flötentöne und das rinnende Wasser unter der Brücke dahin. Selbst ein Gott mußte unser Entzücken teilen. Im vergangenen Jahr war einer namens Shosho unter den Tänzern, und ich bewunderte voll Entzücken seine große Kunstfertigkeit. Nun ist er tot und dahin, und sie sagen, daß sein Geist an der ersten Brücke umgeht, die zum Heiligen Schrein führt. Ich fürchtete, dieser Gedanke würde meine Freude am Tanze verdüstern, aber ich war verzaubert wie immer.

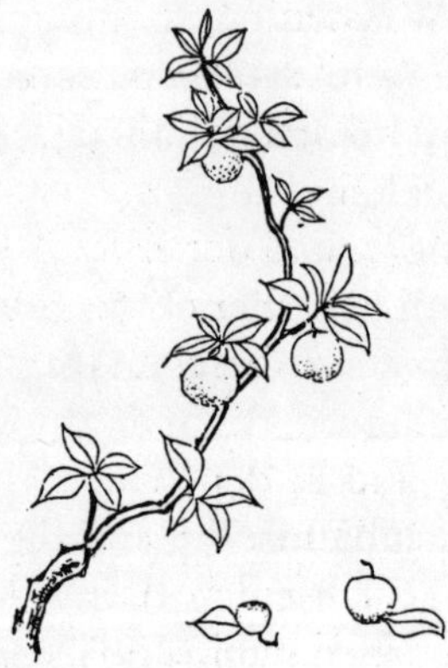

BLÜTEN

Pflaumenbäume mit dunklen und hellen Blüten.

Auch rot blühende Pflaumenbäume.

Bei blühenden Kirschbäumen erscheinen die roten Blüten oft dunkel, verglichen mit den hell schimmernden Ästen.

Die Aprilblume muß den Vergleich mit der Pflaumen- oder Kirschblüte scheuen, und dennoch: wie schön sind die Tage, wenn sie erblüht. Bedenkt man gar, daß der Kuckuck sich in ihrem Schatten verbirgt! Wenn das Kamofest naht, blüht sie selbst an bescheidenen Hausmauern strahlend weiß.

Ende April und in den ersten Maitagen stehen die Pomeranzenbäume in dunkelgrünem Laub. Dann brechen die weißen Blüten hervor. Nachts hat es geregnet, und sie sind am Morgen so schön, als ob sie aus einer anderen Welt zu uns gekommen seien. Aus der Mitte der Blütendolde wachsen rasch die Früchte wie goldene Perlen hervor. Selbst Kirschblüten im Morgentau können nicht herrlicher sein. Ob wohl der Kuckuck rechtzeitig an sie denken wird?

Die Blüte des Birnbaums ist recht gewöhnlich – so schlicht und reizlos. In China schätzt man sie höher und widmet ihr sogar Gedichte. Betrachtet man einen blühenden Birnbaumzweig näher, so spürt man einen wunderbar zarten, kaum wahrnehmbaren Wohlgeruch.

Wer erinnert sich nicht der edlen Königin aus dem Geschlechte Yang? Als sie gestorben und begraben war, konnte ihr Gatte, Kaiser Hiuentsung, das Leid um sie nicht ertragen. Er sandte seinen Vertrauten Lin-ngang aus und gebot ihm, die Seele seiner verstorbenen Gattin aufzusuchen. Lin-ngang kam zur Insel Fung-lai und fand dort die edle Königin. Als er die Botschaft seines kaiserlichen Herrn bestellte, vergoß die Fürstin bittere Tränen. In Pe-lo-thien's Gedicht heißt es dann:

Ihr zartgeschnittnes Angesicht so still und ernst,
davor die Träne rinnt, ein fließend Gitter:
Ein Birnbaumblütenzweig im Frühlingsregen...

Noch wunderbarer sind die purpurnen Blüten des Loosbaumes. Seine Blätter sind breit und seine Gestalt ist häßlich. Seltsam, daß in China der Paradiesvogel auf ihm wohnt! Auch Zithern macht man aus seinem Holz. Wie oft entspringt das Wunder dem alltäglich Unscheinbaren!

ÄRGERLICHE DINGE

Du hast ein Gedicht geschrieben oder beantwortet, und gerade nachdem dein Bote das Haus verlassen hat, fallen dir die einzig passenden Worte ein, die dieses Gedicht erst vollkommen gemacht hätten! Zum Verrücktwerden!

Du nähst eilig an einer langen Bahn und hast versäumt, einen Knoten zu machen, und der Faden gleitet unbemerkt immer mit! Und dann entdeckst du noch, daß du die unrechte Seite nach außen genommen hast!

Besonders ärgerlich ist's, wenn ein Brief, den du nur für einen Menschen in der Welt bestimmt hattest, gerade dem anderen übergeben wird, der ihn unter keinen Umständen sehen sollte. Die Geschichte wird nicht besser, wenn der Bote endlose Entschuldigungen erfindet oder aber dickköpfig wie ein Maulesel ist. Prügeln möchte man ihn, wenn keine Zuschauer vorhanden wären!

Oder du hast Blumen gepflanzt und beginnst, dich an ihrem Blühen zu erfreuen, da entdeckst du eines Tages einen Mann mit Spaten und Korb, der deine Blumen ausgegraben hat und gerade davonträgt. Würde er so etwas einem Mann gegenüber auch wagen, zumal einem Mann von Rang und Würde gegenüber? – O, ich machte meinem Herzen Luft, aber er murmelte nur: »So ein paar Blumen« und kümmerte sich nicht im geringsten um seine Missetat. Wie wütend war ich!

Eine junge Frau ist ein wenig ärgerlich, warum, weiß sie selbst nicht so recht, und verläßt das Bett, das sie mit dem Geliebten teilt, um sich einen anderen Winkel des Gemachs zum Schlafen zu suchen. Liebevoll bemüht er sich, sie zurückzuhalten, aber sie sträubt sich, und er denkt: »Wie unvernünftig und launisch sie heute abend ist!« Rasch verschwindet er wieder im warmen Bett und zieht die Decken recht behaglich bis zur Nasenspitze. Die Nacht ist kalt, und sie hat nur ein einziges Gewand am Leibe! O, wie sie friert und sich bemitleidet und denkt, sie sei der einzige Mensch, der noch wach ist und mutterseelenallein auf der ganzen Welt! Wieviel klüger wäre es gewesen, den kleinen Streit früher zu beginnen und dann rechtzeitig wieder Frieden zu schließen! Horch, welche seltsamen Geräusche draußen und nun auch in den Zimmern! Rasch schlüpft sie ans Bett zurück und hebt leise die Decken, um hineinzukriechen. Oh, und er heuchelt tiefen Schlaf und murmelt: »Warum nicht noch ein wenig länger schmollen?«

FRÜHLINGSFAHRT

Im Mai fahre ich gern in eines der Bergdörfer hinauf. Die großen Lachen auf der Straße sehen aus wie grüne Grasflecke. Nimmt aber der Wagen seinen Weg gemächlich durch sie hindurch, so kann man beobachten, daß sie aus klarem Wasser bestehen, auf dem eine dünne Schicht seltsamer Pflanzen schwimmt. Obwohl diese Lachen im allgemeinen sehr seicht sind, sprüht das Wasser hoch auf, wenn die uns begleitenden Reiter hindurchgaloppieren.

Führt der Weg an frühlingsgrünen Hecken entlang, so ragen manchmal frischbelaubte ranke Äste durchs Wagenfenster herein. Wie geschwind man sie aber auch zu erhaschen versucht, man kommt immer zu spät. Oder ein Yomogizweig fängt sich in den Rädern, und wenn sie über ihn hinwegrollen, steigt ein köstlicher Duft zu uns auf.

O, wie liebe ich es, in heller Mondnacht einen Fluß zu durchqueren, wenn unterm Tritt der Ochsen das Wasser aufsprüht wie funkelnde Kristallsplitter!

HÜBSCHE DINGE

Das Gesicht eines Kindes, das seine Zähne in eine Melone gräbt.

Ein junger, gefangener Sperling, der zaghaft näher trippelt, wenn du ihn lockst oder wenn er von seinen Eltern mit Würmern und dergleichen gefüttert wird.

Ein spielendes, vielleicht dreijähriges Kind, das irgendeinen kleinen Gegenstand auf der Erde entdeckt, ihn fest mit seinen niedlichen Patschhändchen umklammert und ihn dir zum Bewundern bringt.

Eine kleine Klosterschülerin, die den Kopf energisch nach hinten wirft, um den Blick (von der Frisur) frei zu bekommen.

Die Haare waschen, sich schminken und ein nach köstlichem Räucherwerk duftendes Kleid anlegen. In welche wunderbare Stimmung versetzt das, selbst wenn niemand uns dann sieht.

In der Nacht, wenn man jemanden erwartet, dem fallenden Regen lauschen und dem Nachtwind, der am Hause rüttelt. O, wie beginnt unser Herz da plötzlich zu klopfen!

Von einem bösen Traum zu erwachen, den man mit Gewißheit für eine Ankündigung kommenden Unheils hält, und dann vom Traumdeuter zu erfahren, daß es keine besondere Bewandtnis damit hat.

DIE GESCHICHTE VOM TREUEN OKINAMARU

Die Katze, die im kaiserlichen Palast wohnt, wurde jüngst geadelt. Daher wird sie von uns immer sehr respektvoll behandelt. Sie ist ein allerliebstes Tier, und die Majestäten vergöttern sie.

Eines Tages nun versetzte sie die ihr zugeteilte Hofdame, Ukon, in große Erregung, weil sie sich ausgerechnet am äußersten Rand der Veranda niedergelegt hatte. »Bitte, gnädiges Fräulein, belieben Sie etwas mehr ins Innere zu kommen«, bat Ukon, aber die Katze nahm nicht im geringsten Notiz von ihr, sondern setzte ihren gemütlichen Schlaf in der Sonne fort. Zuletzt drohte Ukon im Scherz und rief: »Wo ist unser Hund? Okinamaru, die kaiserliche Katze will nicht hören! Komm' her und beiße sie!«

Unglücklicherweise dachte Okinamaru, die Aufforderung sei ernst gemeint. Er sprang nach der Katze, und das erschrockene Tier rettete sich mit einem kühnen Sprung hinter den Bambusvorhang, wo unser kaiserlicher Herr gerade sein Frühstück einnahm. Er barg sie erschrocken an seiner Brust und rief dann zornig nach dem Haushofmeister. Kuroda Tadataka eilte herbei und erhielt den Befehl, Okinamaru sofort auf das Hunde-Eiland zu verbannen. Dann kam Ukon an die Reihe. »Auf diese Dame ist kein Verlaß«, sagte der Kaiser, »sie wird abgelöst«. Einstweilen erhielt die arme Ukon Stubenarrest, und Okinamaru wurde verbannt.

Das war ein harter Schicksalsschlag. Welch glücklicher Hund war er gewesen! Erst am dritten Märztag hatte Fürst Yukinari ihn mit Weidenzweigen bekränzt, mit Pfirsichblüten und blühenden Kirschzweigen geschmückt war er in den kaiserlichen Gärten unhergelaufen. Wer konnte ahnen, daß ein so trauriges Geschick ihn erwartete! Wir waren herzlich betrübt. Immer war er bei der Mittagstafel unserer Herrin anwesend, und wie vermißten wir ihn nun!

Drei oder vier Tage waren vergangen, als wir zur Mittagsstunde das Winseln eines Hundes hörten. Jemand kam weinend und erzählte: »Zwei von Kurodas Dienern verfolgen einen Hund. Sicherlich werden sie ihn töten. Ach, und vielleicht ist es Okinamaru!« Wir sandten sofort einen Läufer, aber er kam unverrichteter Dinge zurück und sagte, der Hund sei tot, die Diener hätten seinen Körper vor das Tor geworfen. Ach, wie wuchs nun erst unsere Trauer!

Am Abend dieses Tages kam ein armselig aussehender, zitternder Hund herein. Niemand wußte, ob es nicht doch Okinamaru sei. Es schien, als ob er nicht verstände, wenn man seinen Namen rief. Endlich ließ die Kaiserin Ukon rufen, aber auch sie meinte, er könne es nicht sein, weil er sonst auf ihr Rufen immer fröhlich herbeigesprungen war. Bis zur Abenddämmerung versuchten wir vergeblich, ihn zu füttern – er nahm keinen Bissen.

Am nächsten Morgen, als die Herrin ihr schönes Haar kämmte und ich ihren Spiegel hielt, sah ich den Hund unter einem Baume liegen und dachte in meinem Herzen: »Wie traurig bin ich um Okinamarus Tod. Wann wird er wohl wiedergeboren werden?«

Und siehe da, kaum hatte ich diesen Gedanken recht erwogen, da sah ich, wie der Hund plötzlich zu zittern begann und Tränen aus seinen Augen rollten! Es war unser Okinamaru! Er war gestern heimlich zurückgekommen, sehr furchtsam und ängstlich, weil ihn der Zorn unseres hohen Herrn getroffen hatte.

Er sah so bemitleidenswert und anklagend zugleich aus, daß ich den Spiegel hinwarf und ausrief: »Lieber, lieber Okinamaru!« Der arme Kerl streckte sich lang aus und weinte! Alle Hofdamen eilten herbei, Ukon kam, und wir alle waren so glücklich. Dem Kaiser wurde Botschaft gesandt. Er kam und erfreute sich an der Wiedersehensszene. »Dieser Hund hat einen wundervollen Charakter« , sagte er, und alles stimmte in sein Lob ein. Sanft riefen die Damen Okinamarus Namen, langsam begann er sich zu bewegen, aber immer noch rollten Tränen über sein rührendes Hundegesicht.

Die Herrin lachte hell auf vor Freude und jubelte: »So haben wir ihn dieses Mal doch wiedergefunden!«

Kuroda Tadataka drohte ihm und mir, aber bald darauf wurde Okinamaru vom Kaiser begnadigt und erhielt aufs neue die Erlaubnis, im kaiserlichen Palast zu wohnen.

Noch jetzt steigen Tränen in meine Augen, wenn ich mich seiner rührenden Schicksale und Gebärden erinnere.

VÖGEL

Der Schrei der Wildgans ist am schönsten, wenn er aus weiter Ferne zu uns dringt.

Unter den Wasservögeln liebe ich die Mandarinenenten. Wie hübsch ist es zuzusehen, wenn sie einander mit ihren Schnäbeln das Eiswasser vom Gefieder bürsten!

Der kurze melodische Ruf der Buschsängerin klingt wie ein Liebeslied. Schade, daß sie nicht in der Nacht singt, aber was läßt sich dagegen tun, wenn sie von schläfriger Gemütsart ist!

Um den melodischen Ruf des Kuckucks zu preisen, fehlen mir die Worte. Er kommt mit dem Frühling. Plötzlich und unerwartet hören wir seinen klaren triumphierenden Schrei, irgendwo, im schattigen Dunkel der blühenden Deutziazweige.

In der kurzen Nacht des Mairegens erwachst du aus tiefem Schlaf und wartest begierig, ihn als erster rufen zu hören. Du wartest und wartest, und wenn du schon alle Hoffnung aufgibst, kommt plötzlich sein wundervoller Ruf und erfüllt dein Herz mit Sehnsucht.

In der Tat, alles was in der Nacht singt, ist herrlich – schreiende Säuglinge ausgenommen!

UNTERWEGS

Als ich jüngst zum Kamoschrein pilgerte, beobachtete ich auf den Feldern eine Gruppe von Frauen mit kunstloser Frisur. Aus der Ferne vernahm ich nur ihren eintönigen Gesang und sah, wie sie regelmäßig den Rücken beugten, sich wieder aufrichteten und dann einen kleinen Schritt rückwärts taten. Erst als der Wagen näher kam, verstand ich ihr Lied und ihre Beschäftigung. Sie sangen:

Hörst du den Schelm, den Kuckuck schrei'n?
Jetzt heißt's die Röcke schürzen
und Tag um Tag im Reisfeld emsig sein!

Nicht gerade schmeichelhaft für den Kuckuck! Ich weiß nicht, welcher Klasse diese Frauen angehörten, aber wenigstens eine unter ihnen fand ein gutes Wort für ihn und rief: »Schön ist sein Ruf trotzdem!«

In der Tat, schön ist er, und ich kann denen nicht zustimmen, die der Buschsängerin einen höheren Rang einräumen wollen.

BLÜHENDE KIRSCHZWEIGE UND GEDICHTE

Auf den Schiebetüren der nördlichen Palasthälfte ist ein Bild zu sehen, das die stürmisch bewegte See darstellt und in ihr seltsame Ungeheuer mit langen Beinen und Fangarmen. Während wir scherzten und vorgaben, solche Schreckensbilder nicht ansehen zu können, stellten Diener einen riesigen Krug auf und füllten ihn mit blühenden Kirschzweigen, so daß die Blüten das Bild vollständig verdeckten.

Zur Mittagszeit erschien der ältere Bruder der Kaiserin, ein Prinz, dessen Bewegungen von vollendeter Anmut sind. Um seine Schultern hing ein kirschroter Mantel, gerade lange genug getragen, um nicht mehr steif zu wirken. Zum weißen Staatskleid trug er dunkelviolette Hosen und ein Damastgewand, von dem leider nur wenig zu sehen war.

Da der Kaiser sich in den inneren Gemächern aufhielt, nahm der Prinz am Eingang Platz, um später mit Seiner Majestät zu sprechen. Hinter den Bambusvorhängen hörte man die Hofdamen, und die Farben ihrer Frühlingsgewänder – kirschrot, malvenfarben und gelb – schimmerten durch die schmalen Vorhanglücken.

Die Schritte der Diener, welche die Mittagstafel des Kaisers ankündigten, näherten sich dem Palast. Schon hörte man ihr lautes Oshi-Oshi-

Rufen. Es war einer von jenen klaren, sonnigen Frühlingstagen, an denen sich Menschen und Dinge von ihrer besten Seite zeigen. Als alle Schüsseln hereingebracht worden waren, meldete der Kämmerer dem kaiserlichen Herrn, daß angerichtet sei. Der Kaiser erschien gleich darauf im mittleren Tor. Der junge Fürst begleitete ihn, kehrte aber bald zu seinem alten Platz vor den Kirschblüten zurück.

Später wurde der Wandschirm zur Seite gerückt, und die hohe Herrin trat hervor, um ihren Bruder zu begrüßen. Die Szene war so köstlich, daß alle Zuschauer bezaubert waren. Der Prinz verneigte sich und begann mit viel Anmut das alte Gedicht zu zitieren.

Tage und Monde entfliehn, vergänglich ist die Zeit,
der Palast am Minuroberge ragt in die Ewigkeit...

Wie lieblich war unsere junge Kaiserin. O, daß ihr tausend Jahre vergönnt wären, wie diesem alten Gedicht!

Bald danach kehrte der Kaiser von der Tafel zurück und befahl mir, das Schreibzeug vorzubereiten. Während ich die Farbe zerrieb, blickte ich zu ihm auf und wünschte im Geheimen, daß auch dieser Augenblick ewig dauern möge.

Dann nahm der kaiserliche Herr einen Bogen Papier, faltete ihn und sagte zu uns Damen: »Ich wünsche, daß jede von Ihnen ein Gedicht aus dem Gedächtnis niederschreibt.«

»Was, um alles in der Welt, ist zu tun?« flüsterte ich dem Fürsten Korechika zu. Er zog das Tuschkästchen näher heran und drängte: »Rasch, rasch, nicht lange nachgedacht. Schreiben Sie etwas, und wenns ein alter Kinderreim wäre.«

Ich weiß nicht recht, warum ich so erschrokken war. Ich errötete heftig, in meinem Kopf schwirrten die Gedanken durcheinander. Die anderen Damen schrieben ihre Gedichte auf den Frühling oder auf die Blumenherzen, und endlich war die Reihe auch an mir. Ich schrieb:

Die Jahre verwehn, wie im Winde das Licht,
bald bin dem Alter ich anheimgegeben.
Doch blick den Blumen ich ins Angesicht,
vergeß ich alle Sorgen um mein kurzes Leben.

Nach der Niederschrift änderte ich die vorletzte Zeile, so daß das Gedicht nun so lautete:

Die Jahre verwehn, wie im Winde das Licht,
bald bin dem Alter ich anheimgegeben.
Doch blick dem Herrscher ich ins Angesicht,
vergeß ich alle Sorge um mein kurzes Leben.

»Fürwahr, ein lieblicher Gruß«, rief der Kaiser aus, als er meine Huldigung las. »Schon lange wünschte ich mir eine solche Probe Ihres Scharfsinns!«

Darauf erzählte er uns eine Geschichte aus der Regierungszeit des Kaisers Enyuin. Eines Tages befahl dieser Kaiser allen Edelleuten seines Hofes, ein Gedicht aus dem Gedächtnis in ein bestimmtes Buch zu schreiben. Da war mancher erschrokken und bat, von diesem Befehl entbunden zu werden, aber der Kaiser sprach: »Jeder schreibt, und wenn die Verse nicht gerade mit der Jahreszeit übereinstimmen, soll es kein Fehler sein.«

Die Hofleute fingen also an, ihre Gedichte zu schreiben. Nun befand sich unter ihnen aber auch Fürst Michitaka, der Vater unserer geliebten Kaiserin. Er schrieb:

So wie die Flut steigt an Izumos Strand,
ist tiefer, immer tiefer mein Herz für dich
entbrannt...

Danach ändert er die letzte Zeile, und nun lautete das Gedicht:

So wie die Flut steigt an Izumos Strand,
ist tiefer, immer tiefer mein Herz für meinen
Kaiserlichen Herrn entbrannt.

Kaiser Enyuin spendete ihm reiches Lob.

Ich war tief beschämt. Ich möchte wetten, es würde jungen Leuten nicht schwer fallen, hübsche Verse zu schreiben, wenn sie solche Gedichte auswendig wüßten. Aber heutzutage sind selbst die, die gute Verse schreiben können, in lauter Formeln erstarrt.

Später nahm die Kaiserin die alte Gedichtsammlung Kokinshu zur Hand, las uns den ersten Teil eines Gedichts vor und fragte dann nach der Fortsetzung. So erstaunlich es klingt: oft wußte sie niemand zu sagen, obwohl einige der Damen die Gedichte so gut kannten wie ihren Namen. Saisho erinnerte sich an etwa zehn Verse. Aber das war herzlich wenig. Manche wußten gar nur noch fünf oder sechs. Es wäre einfacher gewesen, unsere Unwissenheit einzugestehen, doch wir wollten der Herrin das Vergnügen nicht verderben. Wenn sie uns dann nach einer neuen, vergeblichen Frage den zweiten Teil vorlas, sagten wir alle seufzend: »Natürlich, das ist's! Was mag nur mit unserem Gedächtnis sein?«

Schließlich sprach die Herrin: »Aufrichtig gesagt: Wer diese Sammlung wirklich liebt, sollte jedes Wort in ihr auswendig wissen.« Dann aber erzählte sie uns die nachfolgende Geschichte, welche heißt:

DIE KLUGE PRINZESSIN

Zu Lebzeiten des Kaisers Murakami lebte die Prinzessin von Sennyuden. Sie war die Tochter des Ministers zur Linken und allen Leuten wohlbekannt. Als sie noch sehr jung war, sprach ihr Vater zu ihr: »Erst vervollkommne dich im Schreiben. Dann übertriff alle anderen im Kotospielen. Und wenn du schließlich alle Gedichte des Kokinshu treulich studiert hast und in deinem Herzen bewahrst, kann es dir an nichts fehlen.«

Eines Tages nun erinnerte sich der Kaiser, daß ihm diese Geschichte zu Ohren gekommen war. Er beschloß, die Prinzessin in Sennyuden zu besuchen und auf die Probe zu stellen. Die sämtlichen Bände des Kokinshu mußten heimlich hinter seinem Gefolge hergeführt werden.

Kaum angekommen, ließ er den Wandschirm, der ihn von der Prinzessin trennte, zur Seite schieben, und ehe sich die Prinzessin richtig von ihrem Erstaunen erholt hatte, begann der Kaiser das Examen mit dem ersten Band. Er öffnete das Buch und fragte: »Nun, Prinzessin, welches Gedicht ist das, wer hat es geschrieben, wann, in welchem Monat und in welchem Jahr?«

Die Prinzessin erriet sogleich seine Absicht und war sehr in Sorge, Schande zu ernten, wenn sie etwas Falsches sagte oder gar ein Gedicht ganz vergessen hätte. Der Kaiser ließ zwei oder drei Damen rufen. Diese sollten für jeden Fehler, den die Prinzessin machte, einen Karostein auf den Tisch legen, damit man die Fehler zum Schluß zusammenzählen könnte. Es war sehr aufregend.

Was für eine entzückende Szene. Wie machte sie uns neidisch!

Weiter ging's, und nicht einen Fehler machte die Prinzessin. Trotzdem blieb sie sehr bescheiden. Der Kaiser hatte sich vorgenommen, die Prüfung zu beenden, sobald er sie beim kleinsten Fehler oder auch nur bei einem leisen Zögern erwischte. Im Geheimen beneidete er sie doch ein wenig um ihr gutes Gedächtnis. So durcheilten sie schließlich zehn Bände. »Weiter bringen wir's heute nicht mehr«, sagte da der Kaiser, legte das Buchzeichen ein und ging zu Bett.

Nach einer Weile wachte er auf und dachte: »Schließlich hätten wir doch zu Ende kommen müssen. Wer weiß, vielleicht liest sie jetzt gerade die Gedichte noch einmal nach. Ich sehe schon, wir müssen in dieser Nacht die übrigen zehn Bände auch bewältigen.« Er zog das Licht näher heran und fuhr fort, bis in die späte Nacht hinein zu fragen. Aber die Prinzessin blieb unbesiegt.

Sogleich nachdem der Kaiser den Palast betreten hatte, eilten Diener in ihres Vaters Haus und berichteten, was sich zutrug. Der Minister zur Linken geriet in einen wahrhaften Sturm von Aufregung, bestellte, ich weiß nicht, wie viele Priester, die für den Erfolg seiner Tochter beten mußten, und warf sich selbst zu stundenlangem Gebet auf die Knie.

»Ist es nicht rührend«, schloß die Kaiserin, »daß er so leidenschaftlich für seine Tochter bemüht war?«

Der Kaiser hatte gespannt zugehört und bewunderte nun das herrliche Gedächtnis der Prinzessin. »Was mich jedoch am meisten erstaunt«, sagte er, »ist die Tatsache, daß Kaiser Murakami zwanzig Gedichtbände durchlesen konnte. Ich hätte schon nach dreien oder vieren aufhören müssen.«

Jemand bemerkte, daß in diesen alten Zeiten selbst Mitglieder der niederen Klassen einen feinen Geschmack besessen hätten. – Heutzutage ist dergleichen sehr selten geworden.

Alles unterhielt sich lebhaft und vergnügt über die vortreffliche Geschichte, und so wurde es doch ein köstlicher, harmonischer Abend.

SOMMERLICHES BILD

Im Juli ist es so heiß, daß man Türen und Fenster weit offen läßt. Wie hübsch ist's, vom Bett aus ins Mondlicht zu schauen! Auch die Dunkelheit hat ihren Reiz, und der blasse Mond in der Frühdämmerung ist oft von erlesener Schönheit.

In der Ecke einer gepflegten Veranda liegt eine feine neue Ruhematte, nachlässig ausgebreitet, dahinter ein hoher Wandschirm, sehr nutzlos, denn er sollte davorstehen. Dort muß etwas zu sehen sein – laßt uns schauen!

Vermutlich hat man sie gerade im Augenblick verlassen. Sie schläft in einem dunkelviolett schimmernden Gewand, dessen rechte Seite etwas verblaßt aussieht – vielleicht ist es auch sehr glänzender Damast. Ihr nelkenfarbenes Untergewand und die Schnüre des scharlachfarbenen Rockes zeigen die Unterseite, so, als ob man sie nachlässig aufgeknüpft gelassen habe. Ihr herrliches Haar ist schmeichlerisch ausgebreitet.

Während zarte Morgennebel aufsteigen, kommt jemand herein. Ich möchte wissen, woher? Dieser Jemand trägt weite, blau-violette Hosen und einen glänzenden, tautriefenden Seidenmantel. Sein Haar ist recht unordentlich unter die Mütze geschoben. Der ganze Kavalier macht einen unfertig angezogenen Eindruck. Er summt leise das »Oono Shitakusa«

Auf Sakuraos Wiesen weit
da liegt der Morgentau so dicht,
o säume noch, vergiß die Zeit
und die Eltern erraten's nicht— —

Vielleicht hatte er im Sinn, seiner Liebsten einen Guten-Morgen-Gruß zu schicken, während noch der Tau die Herrlichkeit des jungen Tages verbirgt. Als er nun zu dieser offen stehenden Tür kommt, muß er den Bambusvorhang ein wenig lüften und hindurchspähen. Vielleicht hat die Einsame auf ihrem Lager dieselben Gedanken über den Morgentau?

Eine Weile beobachtet er heimlich weiter. Neben ihrem Kissen liegt ein purpurner Fächer mit hölzernen Rippen, und näher am Wandschirm sind kleine Papierbogen in Scharlach und Karmesin zerstreut.

Sie spürt, daß jemand sie beobachtet. Da steht er, lächelnd, an die Schiebetür gelehnt. Sie ist nicht schüchtern, aber ihr Herz gehört einem andern. Vermutlich bedauert sie, in solcher Unordnung überrascht zu werden.

»Einen hübschen langen Morgenschlaf hatten Sie, nachdem man Sie allein gelassen hat«, beginnt er und schiebt sich langsam durch den Bambusvorhang.

»Und Sie scheinen mir ein merkwürdiger Mann zu sein, wenn Sie Ihre Liebste verlassen, ehe noch der Morgentau getrocknet ist«, gibt sie schlagfertig zurück.

Vielleicht ist das alles nicht wert, aufgeschrieben zu werden, aber die Haltung der beiden, wenn sie miteinander sprechen, ist reizend. Er neigt sich zu ihr, um den Fächer aufzuheben, der neben ihrem Kopfkissen liegt. Ihr Herz schlägt heftiger, als er ihr so nahe kommt, sie zieht sich ein wenig zurück. »Wie kalt Sie zu mir sind«, sagt er mit einem leichten Anflug von Empfindlichkeit, während er den Fächer betrachtet.

Es wird jedoch heller und heller, und die liebe Nachbarschaft beginnt zu plappern, wie sie das immer bei Sonnenaufgang zu tun pflegt. Nun erleidet ein gewisser Brief, der gesandt werden sollte, ehe die Morgennebel schwinden, große Verzögerung, ja, vielleicht wird er gar durch eine dritte Person ungünstig beeinflußt!

Ob der Bote auch warten muß, der den Brief überbringt, den Brief, an dem ein tautropfender Zweig der Hagiblume befestigt ist? Wer weiß, vielleicht hat die Empfängerin auch Besuch?

Schließlich bricht er auf, denn der Tag kommt so rasch herauf, daß ihre Verlegenheit mehr und mehr wächst.

IN DER NACHT

Unter den uns Hofdamen zugewiesenen Zimmern im Flügel der Kaiserin sind die entlang der Schmalen Galerie die weitaus angenehmsten. Zwar bläst der Wind oft durch die geöffneten Bambusgitter, und im Winter weht er manchmal sogar Schneeflocken oder Hagelkörner ins Zimmer, aber trotzdem finde ich es sehr behaglich dort. Die Räume sind klein, und da Diener und Boten sich auch in unmittelbarer Nähe der kaiserlichen Räume oft wenig schicklich benehmen, pflegen wir uns meist hinter den Wandschirmen zu verbergen. Dort herrscht dann eine himmlische Ruhe im Vergleich zu dem ständigen Geschwätz und Gelächter im übrigen Palast.

Ich liebe das Gefühl, immer wachsam, immer »auf Posten« sein zu müssen, schon bei Tage, wieviel mehr aber noch in der Nacht, wenn man jeden Augenblick auf etwas Unverhofftes gefaßt sein muß. Die ganze Nacht über hört man das Kommen und Gehen draußen im Korridor. Hie und da verharren Schritte, draußen, vor einer bestimmten Tür. Dann hört man leises Klopfen, ganz verstohlen, mit einem Finger. O, der Augenblick, wenn sie weiß: er ist's! Zuerst läßt sie ihn eine Weile klopfen, ohne sich durch einen Laut zu verraten. Natürlich wünscht sie nicht, daß er denkt, sie habe einen recht gesunden, tiefen Schlaf, darum läßt sie durch ein winziges

Rascheln ihres seidenen Gewandes wissen, daß sie wacht. Lauschend hört sie, wie er gelassen seinen Fächer bewegt. Im Winter hört er das leise Klirren der Zange, wenn sie Holzkohle im Becken aufschichtet. Dann klopft er nochmals, ein wenig lauter, und sie huscht zur Tür.

Mancherlei Leute kommen singend oder Gedichte rezitierend vorbei. Manche verbringen die ganze Nacht im Garten. Unter den Wandschirmen lugen hier und da die Säume leinener Sommerkleider hervor, aber auch Zipfel männlicher Bekleidung, von rotgefütterten Staatsgewändern junger Edelleute, oder auch die blauen Gewänder der Angehörigen des sechsten Grades.

Sehr lustig ist's auch, wenn die Musikproben zum Kamofest stattfinden. Die Offiziere paradieren mit Fackeln vorbei und verstecken die Köpfe im Uniformkragen, so daß es aussieht, als ob die Fackeln allein spazieren gingen. Hat die Probe angefangen, dann ziehen sie singend und flötespielend an unserem Zimmer vorüber, und mancher bleibt zu einer kleinen Plauderei stehen. Wie lieblich klingt das Lied vom jungen, grünenden Reis!

ÜBER DIE LIEBE

Nein, was sind die Männer doch für seltsame Wesen! Wie wäre es sonst zu begreifen, daß sie die Schönste sitzen lassen und mit irgendeiner mittelmäßigen Schönheit vorliebnehmen!

Wer zur Hofgesellschaft zählt oder ihr doch nahesteht, sollte sich unter soviel Gutem nur das Allerbeste wählen. Nie sollte ein Kavalier denken, daß eine Dame zu hoch an Rang über ihm stehe. Liebt er sie, sieht er sein Glück in ihr, dann soll er werben um sie, und wenn es auf Leben und Tod ginge!

Schickt nun solch ein Mädchen, in dem wahre Schönheit und ein inniges Gemüt sich vereinigen, einem »klugen Weltmann« ein entzückendes Gedicht, so bringt es dieser fertig, ihr eine nichtssagende Antwort zu geben, ohne auch nur eine leise Annäherung zu wagen. Selbst Menschen, die dem Mädchen nicht sehr nahestehen, sind empört über soviel Gleichgültigkeit, von den Anverwandten, die die Tränen der Gekränkten fließen sehen, zu schweigen!

Aber ein Mann hat für soviel Jammer nicht das geringste Verständnis!

FALSCHE UND ECHTE KAVALIERE

Ich verabscheue einen Kavalier, der allein in seinem Wagen zu Festlichkeiten fährt, mag er sonst sein, wie er will. Man sollte immer junge Leute mitnehmen, die wirklich Freude an dergleichen Dingen haben. Es sieht so jämmerlich aus, seine einsame Gestalt durch den Vorhang zu beobachten, wenn er sich den Hals ausreckt wie ein Kranich, um zu sehen, was vorgeht!

Hassenswert ist auch der Kavalier, der, wenn er seine Liebste bei Morgengrauen verläßt, im Dunkeln umhertappt, nach Fächer und Taschentuch sucht und dabei murmelt: »Wo mag das Zeug nur stecken!« Endlich findet er dann die vermißten Dinge und verbirgt sie geräuschvoll in seinem Gewand. Wenn er sich dann verabschiedet, bewegt er lärmend den Fächer. Hassenswert! – Nein, das Wort ist noch nicht stark genug: abscheulich ist solch ein Benehmen!

Genau so ist's mit dem Kavalier, der dich spät in der Nacht verläßt – er muß die Bänder seines Hutes besonders nett und ordentlich binden, obwohl das um diese Zeit wirklich nicht erforderlich ist. Wieviel taktvoller wäre es, den Hut so aufzusetzen, wie er ist, und die Bänder offen zu lassen! Niemand würde ihn darum tadeln oder ihn verspotten.

Das wirklich angemessene Verhalten eines Kavaliers, der seine Freundin in der Morgendämmerung verläßt, sollte etwa so aussehen: Er ist sehr traurig darüber, daß er schon gehen muß. Er wird sich zögernd aufrichten und seufzen, wenn sie ernsthaft sagt: »Oh, es wird so hell! Nun mußt du aber gehen!« Aber noch immer sollte er dann nahe bei ihr sitzen und ihr Zärtlichkeiten ins Ohr flüstern, so wie er's die ganze Nacht getan hat. Endlich kleidet er sich ohne jede Eile an. Wenn er wirklich aufbrechen muß, gehen beide zusammen bis zur Gartentür, und wenn sie sich trennen, klagt er: »Wie einsam und endlos wird dieser Tag ohne dich sein!«

Dann wird sie ihn den ganzen Tag vermissen und sich nach ihm sehnen. Und doch ist gerade dies der Weg, einen tiefen Eindruck bei ihr zu hinterlassen, denn wenn er mir nichts, dir nichts davonläuft, nachdem er vorher seine Sachen in die Brusttasche gestopft und seine Hutbänder recht umständlich geknüpft hat, so wird sie eines Tages nur noch Abneigung empfinden!

DER REGENSCHIRM

Heute morgen berichtete mir eine Dienerin, in der Dämmerung sei in meinem Korridor eine Person gesehen worden, die nach dem Urteil anderer Leute niemals dort hätte erscheinen dürfen. Noch dazu habe sich diese Person hinter dem aufgespannten Regenschirm eines begleitenden Dieners verborgen.

Während ich darüber nachdachte, wurde mir ein Brief der Herrin überbracht, mit der Bitte, ihn rasch zu beantworten. Ich war sehr erstaunt, als ich eine lustige kleine Zeichnung vor mir sah: eine Hand hielt einen gewaltigen Regenschirm, hinter dem sich jemand verbarg, und darunter stand:

Der Berg von Mikasa,
wenn die Morgenröte kommt...

Die Kaiserin nimmt selbst an alltäglichen Dingen so viel Anteil, daß ich ihr diese ermüdende Geschichte gern erspart hätte. Nun schrieb sie aber so humorvoll, daß mir die Sache selbst Spaß zu machen begann.

Rasch zeichnete ich auf ein Blatt Papier einen heftigen Platzregen und schrieb darunter:

»Oft rieseln Gerüchte wie Regentropfen;
wer denkt an Regen noch, wenn längst die
Sonne scheint!«

FAHRT ZUM BUDDHATEMPEL

Die Herrin wünschte, am nächsten Tag dem Gottesdienst beizuwohnen. Ich ging daher abends zum Nijyo-Palast hinauf. Dort fand ich kleine Gruppen vertrauter Freundinnen hinter dem Wandschirm eifrig beschäftigt, Toilette zu machen, ihre Gewänder in Ordnung zu bringen und sich frisieren zu lassen. Sie waren so aufgeregt, als ob es niemals in ihrem Leben wieder solch einen Tag geben würde wie den kommenden Festtag. Man rief: »Die Kaiserin wünscht in der vierten Morgenstunde aufzubrechen! Warum bist du nicht früher gekommen? Jemand sandte einen Fächer für dich und ließ fragen, wo du steckst!« – Ich aber hatte mit einem frühen Aufbruch gerechnet und war fertig!

Endlich kam die Dämmerung, und die Sonne ging auf. Man rief, die Wagen würden am Westflügel vorfahren, und alles stürzte durch die Korridore hinüber. Die Kaiserin befand sich auch dort und beobachtete zusammen mit den anderen Prinzessinnen und ihren Eltern hinterm Bambusgitter heimlich den Aufbruch ihrer Hofdamen.

Zu beiden Seiten des Wagens bemühten sich ihr Bruder und Sammi-no Chujyo. Sie hielten die Bambusgitter und die seidenen Vorhänge zur Seite, damit alle leichter einsteigen konnten. Die Namen wurden aufgerufen, und je vier Damen erhielten einen Wagen. Es war ein schwieriges

Geschäft, zumal mit soviel unsichtbaren Zuschauern. Wie fürchtete ich, daß etwas schiefgehen und das Mißfallen der Kaiserin erregen könnte! Am Ende wußte ich kaum, wie ich nach all der Aufregung in meinen Wagen gelangen sollte, und der junge Fürst sah mir lächelnd bei alldem zu!

Endlich waren wir alle untergebracht und fuhren zur Nijyostraße, wo sich die Wagen wie bei einem Festzug aufstellten. Ich fürchtete, alle Menschen würden kommen, um uns anzustarren, aber nur nette Leute des fünften und sechsten Grades kamen näher und plauderten sehr herzlich mit uns.

Unter der Führung des Vaters unserer Herrin zogen dann alle Kavaliere hinüber, um die Kaiser-Mutter abzuholen. Ich vermutete, wir müßten lange warten, aber die Sonne war kaum höher gestiegen, als der Zug kam. Er bestand aus fünfzehn Wagen, vier davon mit Nonnen besetzt. Obwohl im Inneren der Wagen durch die Bambusgitter und die dünnen violetten Vorhänge purpurne Schatten entstanden, waren die schwarzen Kutten und die Rosenkränze aus weißem Quarz deutlich zu unterscheiden und bildeten einen hübschen Kontrast. Die nächsten zehn Fahrzeuge wurden von Damen ihres Hofstaates in ihren entzückenden kirschfarbenen, violetten und karmesinroten Gewändern eingenommen. O, wie leuchteten die hübschen Brokatstoffe, als die Sonne den Morgennebel durchbrach! Ob sie drüben unseren Zug auch so bemerkenswert fanden wie wir den ihrigen?

Als ich mich fragte, wann nun der Zug unserer

Herrin aufbrechen würde, begannen auch schon die Kavaliere ihre Pferde herauszuführen. Kurz danach erschien die Sänfte der Kaiserin. Alle unsere Erwartungen wurden weit übertroffen! Die Sonne leuchtete nun in voller Pracht. Selbst die Blätter der Bäume funkelten, und schimmernde Lichtreflexe spielten auf den erlesenen farbigen Vorhängen der Sänfte.

Selbst ich, die ich nun schon vielen solchen Feierlichkeiten beigewohnt habe, war tief ergriffen.

Unsere Wagen folgten der kaiserlichen Sänfte, und alle ihre Insassen waren sehr stolz und sehr glücklich. Als wir in Sekizengi anlangten, tanzte man die Sishi- und Komaiu-Tänze, und beim Klang der Flöten und dem Dröhnen der Trommeln war mir, als sei ich im Paradies. In den inneren Tempelhöfen waren zahllose Zelte aus köstlichen Vorhängen errichtet. Unser Wagen fuhr an der Veranda vor, und wieder baten uns der Bruder unserer Herrin und Sammi-no Chujyo, daß sie uns bei Aussteigen helfen dürften.

Das war beinahe noch verwirrender als das Einsteigen zuvor! Der junge Fürst ist wirklich bestrickend anmutig und liebenswürdig. Obwohl ich meine Frisur tadellos in Ordnung wußte, war mir, als ob alle meine Haare auf einer Seite zu Berge stünden. Um Zeit zu gewinnen, rief ich: »Bitte die Dame an der anderen Tür zuerst aussteigen lassen!« Aber diese Dame schien dieselben Bedenken wie ich zu hegen und bat: »Bitte, bitte zuerst die andere Seite!«

Schließlich rief der Fürst lachend: »Ihr Angsthasen!« und ging davon. Doch gerade als wir nun ernsthaft ans Aussteigen dachten, kam er zurück und sagte: »Die Kaiserin schickt mich mit dem ausdrücklichen Befehl, Ihnen behilflich zu sein!« Dann half er mir und führte mich zur Kaiserin, und ich begriff, wieviel Aufmerksamkeit und Güte der Herrin in dieser Anordnung lag.

Ich fand sie, umgeben von acht Damen, in der Ecke des Balkons, von der aus man das sich entfaltende Schauspiel am besten genießen konnte. »Ich habe Sei Shonagon geholfen, allen neugierigen Blicken zu entrinnen«, rief der junge Fürst, als seine kaiserliche Schwester hinter dem Vorhang hervorkam. Sie trug noch die Gewänder, die sie während der Fahrt getragen hatte, und sah wundervoll aus im karmesinroten Kleid und dem weidenfarbenen Übergewand aus chinesischem Damast! Gibt es denn auch etwas Lieblicheres als diese Damastfarben?

Die Herrin erkundigte sich gleich, wie mir der Zug gefallen habe, und ich gestand, man müsse notwendigerweise in Gemeinplätze verfallen, wenn man versuche, soviel Glanz zu beschreiben. Auf dieser sonnigen Veranda sah sie noch lieblicher aus als zuvor, weil ihr kostbarer Haarschmuck nun im Licht funkelte.

Es war wirklich eine große Auszeichnung für mich, so mit ihr sprechen zu dürfen. Es klingt ein wenig nach Eigenlob, das niederzuschreiben, und mancher käme in Versuchung, die Kaiserin zu tadeln, weil sie mir soviel herzliche Zuneigung schenkte, – aber warum soll ich die Wahrheit verschweigen? Auch ich habe trotz alledem meine Schwierigkeiten, mit denen es fertig zu werden gilt!

An diesem Tag war ich in fünf karmesinrote Gewänder mit dem Kirschblütenmuster gekleidet, und der Vater unserer Herrin sagte scherzend: »Wir waren schon in grosser Verlegenheit, weil einem der Priester der Mantel abhanden gekommen ist. Wie wäre es, wenn Sie eines Ihrer Gewänder herleihen wollten? Die Farbe paßt vorzüglich. Waren Sie etwa insgeheim schon besorgt, daß eine solche Schwierigkeit eintreten könnte, als Sie dieses Kostüm wählten?« Alles lachte. Der junge Prinz stand ein wenig abseits und sagte mit einem sehr drolligen Ernst: »Ehrwürden, die Dame Sei!« und wieder lachten wir alle.

Der richtige Priester trug ein prächtiges Rot, dazu eine Stola von violettem Brokat und einen hellfarbigen Anzug mit weiten Hosen. Er sah wirklich hübsch und anmutig aus. Es war lustig, daß er mit uns Damen sprach. Man lächelte ein wenig, und manche bemerkten: »Wenn man an das Benehmen anderer Priester denkt, so verrät dieser hier ein wenig Mangel an Würde. Genau genommen ist sein Benehmen etwas unschicklich.«

Schließlich begann die Messe. Rollen mit Heiligen Schriftwerken wurden an Priester und hohe Persönlichkeiten ausgeteilt. Dann folgte der feierliche Umzug der Priesterschaft, Schriften wurden abrezitiert, und Tempeltänze bildeten den Abschluß. Ich war herzlich müde von den vielen Bildern dieses Tages.

Viele Hofdamen vermuteten, die Kaiserin werde nach Nijyo zurückkehren, und warteten dort – vergeblich. Wie unbehaglich und steif fühlten sich manche in ihren neuen Gewändern, und wie froren sie! Aber alles Wehklagen half nichts. Am nächsten Morgen schalten sie dann die schuldlosen Diener aus, die ihnen andere Gewänder brachten.

SCHWERE BERUFE

Es ist doch eine sehr betrübliche Angelegenheit, wenn Eltern ihrem Sohn erlauben, Priester zu werden. Natürlich ist's ein sicherer, zuverlässiger Beruf, zumal sich mit ihm zugleich besondere Beziehungen zum Himmel anknüpfen lassen, aber alles in allem: was für eine trockene, stocklangweilige Beschäftigung!

Aufrichtig gesagt, ein Geisterbeschwörer hat ein noch schwereres Los. Er muß seinen Beruf in den Bergen erlernen und schreckliches Ungemach dabei erdulden. Hat er dann einen guten Ruf erlangt, plagen ihn die Leute ohne Unterlaß, so daß selbst Volkstümlichkeit eine unangenehme Sache für ihn ist.

Wenn ein Patient ernstlich erkrankt, gilt es, einen handfesten Teufel auszutreiben, und wenn der arme Geisterbeschwörer dabei ein wenig einnickt, erschöpft vom Kampf mit dem launischen Dämon, dann sagen die Leute: »Aha, er schläft schon wieder!« – Sehr zu seiner Schande. Zu meiner Zeit wenigstens war es so, vielleicht ist's heutzutage leichter.

LEBENSKUNST

Die Menschen schätzen Teilnahme an ihren Geschicken höher ein als alles andere in der Welt. Das gilt vorwiegend von Männern, aber auch die Frauen möchte ich nicht ausnehmen.

Eine unfreundliche Bemerkung, selbst wenn sie ganz unabsichtlich gemacht wurde, wird man immer bedauern.

Was kostet es uns schon zu sagen: »Wie unglücklich ist das!«, wenn das Schicksal des Betreffenden wirklich unglücklich ist! Oder: »Ich kann mir denken, was der Arme durchmacht!«, wenn einer in einer schwierigen Lage ist. Noch wirkungsvoller ist es, sich einem anderen Menschen gegenüber so zu äußern, von dem es der Betroffene dann aus erster Quelle erfährt.

Man sollte immer einen Weg finden, um die Leute wissen zu lassen, daß man sich um ihr Ergehen kümmert. Bei Verwandten, die liebevolle Teilnahme als ihr gutes Recht betrachten, ist es schwer, sich ein besonderes Verdienst zu erwerben, aber ein freundliches Wort, an jemanden gerichtet, der es nicht erwartet, hat schon oft Wunder gewirkt.

Diese Regeln sind so einfach und leicht zu fassen – und dennoch, wie wenige Menschen beherzigen sie!

Fast hat es den Anschein, daß liebenswürdige Männer und Frauen notwendig auch dumm, kluge dagegen immer mißlaunisch sein müssen. Trotzdem, ich bin überzeugt, daß es eine Menge nette und gescheite Leute gibt, – man muß sie nur zu finden wissen.

Ein Anlitz, das man liebt, wird man immer wieder mit dem gleichen Entzücken betrachten.

Anders steht es mit Bildern. Haben wir sie zu oft in einem kurzen Zeitraum angesehen, so verlieren sie ihren Reiz. Das Bild auf dem Wandschirm neben unserem ständigen Platz werden wir nach einer gewissen Zeit nicht mehr eines Blickes würdigen, mag es noch so köstlich gemalt sein.

Oft geschieht es, daß wir an häßlichen Gegenständen, an einem Fächer etwa oder an einer Vase, irgendeine Einzelheit entdecken, die uns in ihrer verborgenen Schönheit rührt. Leider ist es unmöglich, ein menschliches Antlitz in dieser besonderen Weise zu betrachten. Es wirkt schön oder häßlich immer nur als Ganzes.

PLAN ZU EINER ERZÄHLUNG

Ein junger Mann hat seine Mutter verloren. Sein Vater liebt ihn, heiratet aber zum zweiten Mal. Die Stiefmutter ist ihm unangenehm. Der junge Mann verzichtet darauf, den Teil des Hauses zu betreten, in dem sie lebt.

Es gibt gewisse Schwierigkeiten mit seiner Kleidung und Wäsche. Sie wird von seiner alten Kinderfrau oder von einer vertrauten Dienerin seiner verstorbenen Mutter gewaschen und ausgebessert.

Er bezieht Räume im Seitenflügel, als ob er nur Gast im väterlichen Hause wäre. Wände und Wandschirme seiner Gemächer schmückt er mit erlesenen Bildern großer Meister.

Bei Hof macht er eine sehr gute Figur und wird von jedermann gern gesehen. Der Kaiser faßt eine besondere Vorliebe für unseren Helden und lädt ihn oft zu Konzerten und Festlichkeiten ein.

Trotzdem leidet der junge Mann ständig an Niedergeschlagenheit und ist mit sich und der Welt unzufrieden. Sein Herz und sein ganzes Wesen sind der Liebe zugeneigt bis zum Äußersten.

Er besitzt eine einzige Schwester. Sie ist mit einem der größten Standesherren des Landes verheiratet, der sie abgöttisch liebt und ihr alle Wünsche und Launen erfüllt. Dieser Schwester vertraut der junge Mann seine geheimsten Gedanken an, nur in ihrer Gesellschaft findet er Trost und Ruhe...

DIENSTLEUTE

Es ist ein großer Fehler, einen nachlässig gekleideten Kutscher zu haben. Bei anderen Dienstboten mag es nicht so wichtig sein, aber wie unangenehm ist's, wenn der Mann, der den Vordersitz einnimmt und den wir ständig vor Augen haben, schmutzig ist.

Kürzlich fuhr ich an einem Haus vorüber und sah einen Diener Stroh auf der Erde ausbreiten. Ein etwa zehnjähriger Knabe mit sehr hübschem Haar hing ein Kleidungsstück auf, und ein kleinerer, etwa fünf- oder sechsjähriger Bub mit langen Haaren und rosigen Wangen spielte mit Pfeil und Bogen. Die beiden waren so nett anzusehen, daß ich in Versuchung geriet, den Wagen anhalten zu lassen, um sie ans Herz zu drücken.

Im Haus eines Herrn von Stande war das Haupttor geöffnet. Ein Wagen, von der Art, die die hübschen braunroten Vorhänge hat, wartete davor. Einige Gefolgsleute des fünften oder sechsten Grades und Soldaten in Uniform liefen hin und her. Ein hübscher Kontrast, besonders als dann eine sehr niedliche junge Dienerin herauskam und rief: »Ist das Gefolge des Fürsten Soundso anwesend?« Die Szene gefiel mir außerordentlich gut.

FÜRST TONOBEN UND DIE FRAUEN

Jüngst hörte ich, wie Fürst Tonoben an einer geheimen Tür unseres Wohnflügels recht lange mit jemand flüsterte. »Nun, wer ist's denn?« fragte ich scherzend ?›eiBen-no-naishi ist die Schöne«, antwortete er. »So«, sagte ich, »aber was helfen dort lange vertrauliche Gespräche, wenn ihr Kavalier kommt, werden Sie doch fallen gelassen.« »Aber nein«, entgegnete er vergnügt, »wer hat Ihnen das in den Kopf gesetzt, gerade sagte ich zu ihr, daß sie selbst im Traum nicht daran denken darf, mich fallen zu lassen!«

Ich mag den Fürsten sehr gern. Er ist eine so hübsche und glänzende Erscheinung und vor allem: er heuchelt niemals, um die Aufmerksamkeit anderer auf sich zu ziehen. Er ist einfach das, was er ist, und jedermann nimmt ihn auch dafür. Ich weiß, was er wert ist, und pflege daher in Anwesenheit der hohen Herrin oft zu bemerken, daß er alles andere als ein alltäglicher Mann ist. Die Kaiserin teilt meine Meinung.

»Eine Frau schmückt sich für ihren Geliebten, und ein Krieger stirbt für seinen Freund«, heißt ein uraltes Sprichwort, und so ist auch der Geist des Fürsten, im Gegensatz zum Geist unserer Zeit. Wir beide unterhalten uns oft und haben uns versprochen, dem Beispiel der Weide am Ufer Totomis zu folgen. (Sie wächst geduldig weiter, auch wenn sie noch so oft beschnitten wird, und so wollen wir's mit unserer Freundschaft auch halten.) Die jungen Frauen am Hofe verabscheuen ihn von ganzem Herzen, weil er offen über alles spricht, was sein Mißfallen erregt, wenn sie nur heimlich zu tuscheln wagen. »Der unausstehlichste Mann der ganzen Welt«, so bezeichnen sie ihn. Niemals zitiert er eine der Heiligen Schriften, niemals summt er wie andere ein Liedchen, darum denken sie, er sei humorlos.

Aber dafür zählen sie auch zu den Frauen, die er nicht liebt. Er sagt oft: »Eine Frau mag ihre Augen noch so gerade im Gesicht sitzen haben, ja, sie mag sogar eine flache Nase haben, trotzdem könnte ich sie lieben, wenn sie einen zärtlichen Mund, ein anmutiges Kinn, einen schlanken Hals und eine süße Stimme besäße. Trotzdem gebe ich zu, daß eine häßliche Frau abscheulich ist.« Daher kommt es, daß gewisse Hofdamen, die ein eckiges Kinn haben und sich auch sonst keiner besonderen Reize rühmen können, sich rächen und die boshaftesten Gerüchte über ihn verbreiten, selbst in Anwesenheit der Kaiserin.

Er bittet mich immer, wenn er der Herrin eine Botschaft zu bestellen hat, und wenn ich mich im Damenzimmer oder in meinem Landhause aufhalte, schreibt er oder pflegt mich zu besuchen, wobei er zu sagen beliebt: »Wenn Sie später den Palast aufsuchen, bitte ich Sie, Ihrer Majestät meinen Wunsch vorzutragen.« Worauf ich dann ebenso regelmäßig antworte: »Warum das? Gibt es nicht viele andere Damen, die Ihnen besser zu helfen vermöchten?« Aber darauf hört er nie, und dann belehre ich ihn feierlich über die Regeln, die Prinz Kujo uns hinterlassen hat. Sie lauten: Es ist besser, die Gelegenheit beim Schopf zu packen und nicht so viel auf Förmlichkeiten zu geben! »So entspricht es just meinem Charakter« gibt er dann zurück, »aber es ist verdammt hart, Herr seiner Launen zu bleiben.« Das gibt mir die Gelegenheit zur raschen Gegenfrage: »Wie steht's um die Maxime: Zögere nie, wenn es gilt, besser zu werden.«

Darauf sagt er lachend: »Nun, hören Sie, die Leute sagen, wir beide seien sehr befreundet. Warum sind Sie dann immer noch so scheu und lassen mich nicht einmal Ihr Gesicht sehen?« – »Ei«, rief ich, »nehmen wir an, ich sei schrecklich häßlich, und da Sie so oft sagen, Sie könnten eine häßliche Frau nicht lieben, wage ich nicht, mich Ihnen zu zeigen.« »O, Sie fürchten, mir zu mißfallen«, sprach er, »gut denn, wenn es so steht, ist's besser, wenn Sie Ihr Gesicht nie zeigen.«

Danach bemühte er sich dann auch niemals, mich aus der Nähe zu betrachten, obwohl er leicht das Vergnügen hätte haben können, wenn er es darauf abgesehen hätte. Ich glaube, dieser Mann war selbst im tiefsten Herzensgrunde aufrichtig.

Eines Morgens nun schlief ich zusammen mit der Dame Shikibu-no-Omoto im Zimmer neben den Gemächern der Kaiserin, als sich die innere Tür plötzlich öffnete und der Kaiser und seine Gemahlin eintraten. Wir waren sehr bestürzt, und die beiden lachten vergnügt, während wir unsere Brokatkleider, die neben uns lagen, über den Kopf zogen. Das hohe Paar beobachtete dann, im Hintergrund, den Verkehr von und nach der Wachstube. Mancher blieb stehen, um ein wenig mit uns zu plaudern, und der Kaiser flüsterte: »Nicht verraten, daß wir hier sind!«

Als sie dann gingen, rief die Kaiserin: »Kommt nur mit, ihr beiden!« »Wir werden sofort erscheinen, wenn wir ein wenig Toilette gemacht haben«, riefen wir einstimmig und nahmen uns Zeit damit. Während wir noch die Schönheit des jungen Paares rühmten und ein wenig schwätzten, bemerkte ich an der Südtür, neben dem seidenen Wandschirm, einen Schatten. Ich nahm an, daß es Noritaka sei, und wir zerbrachen uns nicht weiter den Kopf darüber.

Plötzlich sah ich, wie der Mann lächelte, aber noch immer dachte ich, daß es Noritaka sei – bis ich den Fürsten Tonoben erkannte und mich überrascht hinter dem Wandschirm verbarg. Shikibu war glücklicher als ich gewesen, weil sie ihm zufällig den Rücken zugewandt hatte. Er kam herein und sagte: »Nun habe ich Sie doch so gesehen, wie Sie wirklich sind!« »Ach, ich dachte, Sie seien Noritaka«, antwortete ich, »darum war ich so sorglos. Jedoch, ich begreife nicht, warum Sie sich soviel Mühe machen, nachdem Sie mir feierlich versprochen haben, niemals nach meinem Gesicht zu forschen!« Er entgegnete schlagfertig: »Ei, man sagte mir, Frauen seien am schönsten, wenn sie gerade vom Schlaf erwacht seien. Darum besuchte ich zuerst ein gewisses Zimmer und spähte hinein, und dann kam ich hierher, denn ich wünschte auch Sie so zu sehen. Ich war schon hier, als auch die Majestäten hier waren, und Sie haben mich überhaupt nicht bemerkt!«

Ich lachte – und seit diesem Morgen kommt er ungehindert zu mir durch den Bambusvorhang.

DAS STELLDICHEIN

Die köstlichste Jahreszeit für ein Stelldichein ist der Sommer. Die Morgendämmerung kommt so früh und verkürzt die Nacht so sehr, daß der Schlaf die Liebenden flieht. Es ist angenehm kühl, denn Türen und Fenster bleiben weit offen stehen. O, wie gern möchte man diese gemeinsamen Stunden verlängern! Hoch droben ziehen die Krähen dahin, laut krächzend und sehr deutlich zu erkennen.

Aber auch der Winter kann von einzigartigem Zauber sein, wenn man sich mit dem Geliebten tief im warmen Bett vergräbt wie ein Kaninchen in seinem Bau. Dann ist es berückend, dem Klang der Tempelglocke zu lauschen, der wie aus großer Tiefe zu uns dringt. O, und der erste Hahnenschrei, so leise, wie aus weiter Ferne, wenn der Schnabel noch im warmen Federkleid steckt, bis er anschwillt und näher, immer näher zu kommen scheint.

VOM RECHTEN AUGENBLICK

Regen versetzt mich in Trübsinn und Schwermut. Auch wenn noch wenige Stunden zuvor die Sonne schien, kann ich mir kaum ausmalen, wie herrlich die Welt in diesen Stunden war. Alles erscheint im selben trüben Licht, so daß es sich gleichbleibt, ob ich mich bei Regenwetter im herrlichsten Laubengang des Kaiserpalastes oder im alltäglichsten aller Häuser aufhalte. Solange es regnet, bin ich nicht fähig, an etwas anderes zu denken als daran, wie lange dieser Regen wohl noch anhalten wird.

Kommt dagegen jemand zur Nachtzeit, bei klarem Himmel und Mondschein, so mögen Tage und Monate, ja selbst Jahre seit seinem letzten Besuch vergangen sein, immer werde ich mich seiner mit Vergnügen erinnern. Und selbst wenn der Ort dieser Begegnung nicht günstig ist, wenn man fürchten muß, jeden Augenblick gestört zu werden, oder nur Gelegenheit bleibt, ein paar flüchtige Worte zu wechseln – so spüre ich doch, daß ich ein anderes Mal, wenn die Umstände günstiger sind, dem Gast erlauben werde, über Nacht zu bleiben.

Findet ein Mann eine Tür offen stehen, so ist das beste, was er tun kann, hineinzugehen.

AM MORGEN

Ich möchte gern wissen, wo er diese Nacht verbracht hat! Ein sehr gut aussehender Kavalier kommt in der Dämmerung nach Hause. Er sieht so schläfrig aus, derweil er die Tusche reibt und beginnt, einen Brief zu schreiben. Im Sitzen breitet er seine Gewänder aus, Gewänder in Weiß und Karmesinrot und Gold – nur reichlich zerknittert.

Nun ist der Brief geschrieben. Er wirft ihn nicht irgendeinem Diener zu, nein, er ruft einen Jungen mit klugen Augen herbei und flüstert ihm leise seinen Auftrag zu.

So, das wäre getan. Eine Weile sieht er dem Knaben nach, und seine Lippen murmeln einen Abschnitt aus den Heiligen Schriften.

Im inneren Zimmer steht das Waschbecken bereit, und das Frühstück wartet schon. Aber er geht zum Betpult hinüber und beginnt ein bestimmtes Kapitel der Schrift aus dem Gedächtnis herzusagen.

Da, plötzlich kommt der Bote zurück und macht ihm Zeichen! Das Gebet verstummt, und der Antwortbrief wird ebenso innig und aufmerksam studiert.

Ist das nun Sünde? Jedenfalls war es sehr erheiternd!

DIE BOTSCHAFT

Jeden Morgen pflegte er einen Brief zu senden – aber nun war er böse mit ihr, und kein Brief würde kommen. In der vergangenen Nacht erst hatte er gesagt: »Spare deine Worte! Ich werde niemals zu dir zurückkehren!«

Am nächsten Tag kam nichts von ihm, kein Zeichen, und sie war müde und verzweifelt und dachte: »O, wie grausam ist er doch!«

Am folgenden Tag fiel ein trauriger Regen, die Stunden krochen langsam wie Schnecken dahin, es wurde Mittag, und noch immer nichts. Sie dachte: »Nun ist alles vorbei – – –«

Am Abend, als sie auf der Veranda saß, brachte ein Knabe unterm Regenschirm einen Brief von ihm. Sie öffnete ihn, heißhungrig. Nur eine Zeile:

»Die Wasser steigen beständig im
Regen – –«

Aber diese Zeile bedeutete ihr mehr als ein langer Brief voller Liebesbeteuerungen, denn das Gedicht sagt:

So wie in den Marschen von Yodo
die Wasser steigen beständig im Regen,
so wächst die Liebe in meinem Herzen.

MUSIK AN EINEM REGENTAG

Heute wurde der Wandschirm mit dem berühmten Höllenbild zum Kaiser gebracht, damit auch die Kaiserin Gelegenheit hätte, es zu betrachten.

Solch ein scheußliches Bild!

Als die Herrin rief, ich möchte kommen und mir's ansehen, antwortete ich: »Nein, in diesem Leben nicht!« und floh rasch in unser Zimmer...

Draußen regnete es in Strömen. Wir luden die Offiziere ein und musizierten, um unserem kaiserlichen Herrn die Zeit zu vertreiben. Ein Biwaspieler, ein Kotospieler und zwei glänzende Flötenspieler waren vorhanden. Nachdem sie uns eine Weile erfreut hatten, verstummte die Biwa, und Fürst Dainagon begann zu singen:

Wenn der Biwa letzter Ton verklungen,
ziemt's, ein ernst' Gespräch zu führen.

Da, plötzlich kam eine Magd aus ihrem Versteck hervor, die auch gelauscht hatte, was einen wahren Sturm von Gelächter hervorrief.

Jemand sagte: »Das sollte schwer geahndet werden. – Aber wer vermöchte auch, sein Ohr so zauberhaften Klängen zu verschließen?«

NACH DEM REGEN

Eine ganze Septembernacht hindurch hatte es geregnet. Am Morgen klärte es sich wider Erwarten auf, überall war plötzlich strahlender Sonnenschein. Ich erfreute mich an den leicht nach unten geneigten, tautriefenden Chrysanthemen, an den Regentropfen, die sich in den Spinnwebnetzen am Gartenzaun gefangen hatten und wie köstliche Perlen funkelten. Die Sonne stieg höher, und die vom Regen gebeugten Hagiblumen richteten sich auf, ohne daß meine helfenden Hände sie berührt hätten.

Wie wenige Menschen werden diese schlichten Begebenheiten überhaupt für wert halten, aufgeschrieben zu werden!

UNGELADENE GÄSTE

Soll man nicht wütend werden, wenn ein Liebhaber zu Besuch kommt und kurz darauf die üblichen Freunde und bekannten Gesichter eintreffen? – Sie kommen hinter die Bambusvorhänge, nehmen Platz und schwatzen munter drauf los, ohne erkennen zu lassen, daß sie demnächst vielleicht wieder einmal gehen wollen. – Im Gegenteil!

Ihr müde gähnendes Gefolge pflegt dann zu brummen: »Was für ein Unfug! Vermutlich werden wir wieder bis Mitternacht warten müssen...«

Und selbst wenn niemand brummen sollte, denkt doch jeder an die Verse:

Wenn auch das Herz übersprudelt –
wie tief sind die Wasser der Tiefe!
Schweigende Gedanken sind tiefer als
lärmende Worte.

Diener hoher Herren tun dergleichen nie, aber die gewöhnliche Sorte zeigt oft so schlechte Manieren. Ehe man daher einen Diener einstellt, tut man gut, sich zu vergewissern, woher er kommt.

LOB DER JAHRESZEITEN

Im Frühling lob' ich mir die Stunde vor Tag, wenn die Grate der dunklen Bergmasse in rosigem Licht erglühen und purpurne Wolkenschleier gemächlich davontreiben.

Zur Sommerszeit erwähle ich mir die Nacht. Muß ich an den wechselnden Mond erinnern, an den schimmernden Tanz der Leuchtkäfer? Selbst wenn draußen der Regen rauscht, ist das Dunkel einer Sommernacht köstlich.

Im Herbst ziehe ich die Abendstunden vor. Die untergehende Sonne ist eine Pracht und Herrlichkeit ohnegleichen. Die fernen Bergketten sind nahe gerückt. In kleinen Gruppen fliegen die Raben zu ihren Schlafstätten. Unvergeßlich bleibt eine Kette von Wildgänsen am fernen Himmelsrande. Endlich beginnt das leise Wehen des Abendwindes und das unaufhörliche Zirpen der Zikaden.

Winter und fallender Schnee sind eins. Dann liebe ich die sehr frühen Morgenstunden. Die Holzkohlenfeuer werden angezündet, und alles eilt mit Kohlenpfannen im Palast umher. Erst gegen Mittag, wenn die Sonne kommt, wird es wärmer, und dann ist nur ein wenig weiße Asche in den Pfannen zurückgeblieben.

WOLKEN UND WINDE

Das Schönste: eine Regenwolke in starkem Sturm.

Aber wie wunderbar ist auch eine dunkle Wolke, die bei Tagesanbruch langsam in ein lichtes Grau hinüberwechselt, wie wenn Schwarz und Weiß sich mischen, bis sie endlich in der Dämmerung zerfließt.

Und ein liebliches Lämmerwölkchen vor dem Vollmond!

O Bergwind! O du wehender Wind vom Meer!

Und der leise, traurige Blumenwind im März, zur Stunde der Abenddämmerung.

O, ihr melancholischen, mit Regen vermischten August- und Septemberwinde!

Und gelbe, fallende Blätter, die der Herbstwind vor sich hertreibt.

O trauriger Tag nach dem Herbststurm, wenn Wetterdächer und Zäune in Reihen daliegen und große Bäume mit vom Sturm gebrochenen Ästen unbekümmert über den letzten Weiderich und den Baldrian gestürzt sind!

Und der eisige Bergwind, der uns ins Angesicht bläst, wenn bei Tagesanbruch das Gitter und die kleine Tür geöffnet werden!

DER SEESTURM

Der See leuchtete im Sonnenlicht. Seine Oberfläche war so glatt, als ob glänzende blaßgrüne Seide von einem Ufer zum anderen gespannt sei. Kein Tag konnte sicherer für unsere Fahrt sein!

Wir jungen Mädchen hatten unsere Mäntel abgelegt und halfen an den Rudern. Ein paar Burschen, die uns aufwarten und das Boot steuern sollten, hatten wir mitgenommen. Wir sangen ein Lied nach dem andern und wünschten ein Mal ums andere, daß doch die Kaiserin oder jemand aus ihrer Familie bei uns wäre.

Plötzlich erhob sich ein schwerer Sturm. Die Wogen gingen hoch, und bald war unser einziger Gedanke: Schutz vor diesem Unwetter zu finden. Es schien unbegreiflich, daß derselbe See, der eben noch so unschuldig und schläfrig glitzerte, uns nun mit haushohen Wellen bedrohen konnte, als wir mit aller Kraft dem rettenden Ufer entgegenruderten.

So aus der Nähe besehen, sagt man sich: Es ist doch unklug, einem kleinen Schifflein sein Leben anzuvertrauen, gleich ob im flachen Wasser oder dort, wo es tausend Faden tief ist. Du betrittst ein solches Fahrzeug, das zu allem Überfluß noch mit Gütern und Waren aller Art beladen ist, und nur eine schmale Holzwand trennt dich von der gefährlichen Tiefe. – Die Biedermänner freilich, die das Schiff bedienen, scheinen nicht im geringsten ängstlich zu sein. Sie bewegen sich auch da vollkommen gleichmütig, wo ein einziger Fehltritt das Leben kosten kann.

Auch das Beladen eines Schiffes flößt mir Furcht ein, wenn sie die schweren Kiefernstämme in den Laderaum hinunterrollen lassen, oft ein halbes Dutzend zugleich.

Vornehme Leute benutzen selbstverständlich Schiffe mit Kabinen, und wer glücklich genug ist, in der Mitte einen Platz zu erhalten, hat es verhältnismäßig gut getroffen. Wer vorn oder hinten sitzt, wird gewöhnlich seekrank.

Es wundert mich immer wieder zu sehen, wie schwach die Gurte sind, welche die Ruder festhalten. Sollte einer dieser Gurte reißen, so würde der Ruderer innerhalb weniger Minuten ertrinken, und trotzdem sind sie immer schmal und dünn.

Unsere Kabine war sehr hübsch, mit Fransenvorhängen, Doppeltüren und verschiebbaren Fensterläden. Für eines der großen Schiffe, wie ich sie eben erwähnte, wäre sie natürlich ganz unzureichend gewesen. Immerhin war sie für uns ein vollständiges kleines Haus.

Was mich am meisten ängstigte, war der Anblick anderer Schiffe. Die in einiger Entfernung vorbeifuhren, erinnerten mich sehr an Spielzeugschiffe oder an Bambusblätter, die man zum Vergnügen im Wasser schwimmen läßt.

Endlich erreichten wir den Hafen, wo ein bezaubernder Anblick unserer harrte: er lag voll von Schiffen, und alle hatten flackernde Fackeln an Bord, die sich im Wasser spiegelten.

Ich verstehe gut, daß selbst ganz alltägliche

Leute sich heftig sträuben, ein Schiff zu betreten. Gewiß, auch Reisen zu Lande bringen Gefahren mit sich. Aber was uns da auch zustoßen mag: wie beruhigend ist es, immer festen Boden unter den Füßen zu haben!

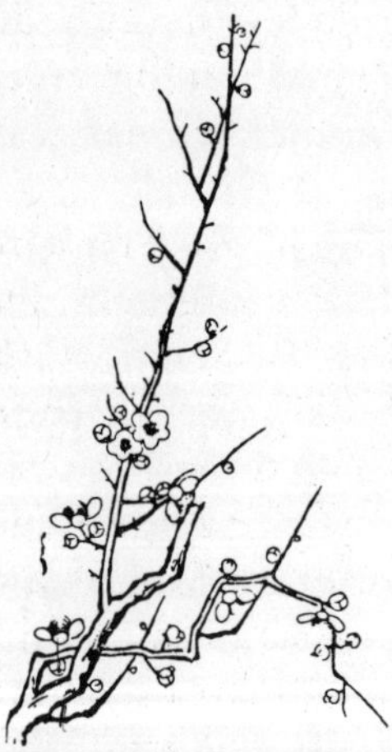

FAHRT DURCH DIE WINTERNACHT

Die Mitternacht war längst vorbei, als das Hofgefolge, das den Abenddienst versehen hatte, zu Bett kam. Es hatte tagelang geschneit, aber als die Dämmerung heraufkam, wurde es klar. Überall hingen lange Eiszapfen. Hier und da waren noch dunkle Inseln brauner Erde in der weißen Schneedecke sichtbar, aber alle Dächer waren blendend weiß. Selbst die verfallenen Hüttendächer der Armen strahlten in neuem Glanz. In der Nacht lagen sie schimmernd im Mondlicht, wie mit Silber gedeckt, und die Eiszapfen waren zu Kristallen geworden.

Der helle Mondschein fiel ins Wageninnere, und der Bambusvorhang wurde hochgerollt. Die Dame trug Weiß und Pflaumenrot, zwei köstliche Farben im Mondlicht, und bei ihr war jemand in weiten gemusterten Hosen und nachlässig zugeknöpftem Rock. Ein kleiner Zipfel seines Gewandes lugte auf einer Seite des Wagens hervor und ließ manches erraten. Der Mond schien so hell, daß sie sich erschrocken zurücklehnte, aber er zog sie zurück in sein Licht und beide lachten. Dann begann er das hübsche Gedicht von den gefrorenen Wassern zu rezitieren. Wie glücklich waren die beiden!

Der Himmel war von durchsichtigem, mattem Blau. Plötzlich zogen schwarze Wolken herauf, und es begann in dicken Flocken zu schneien.

Ein hübscher, schlanker Soldat mit einem Regenschirm trat auf und schob einen Brief unter eine bestimmte Tür. Einen weißen Brief mit tiefschwarzer Aufschrift, die der Schnee hier und da etwas angefeuchtet hatte. Der Brief war eng beschrieben, in dichten, schönen Zeilen. Die Dame drüben las ihn, las ihn wieder und wieder – ich hätte wohl wissen mögen, was darin stand. Selbst die Aufmerksamkeit eines so unbeteiligten Zuschauers konnte ganz davon in Anspruch genommen werden. Und nun lächelte sie gar an einer Stelle! Wie gern hätte ich mitgelesen!

⋆

Jüngst sah ich, wie eine schöne Frau mit wunderbarem langem Haar einen Brief in der Dämmerung empfing. Selbst die Zeit schien ihr zu lange, die man braucht, um ein Licht anzuzünden. So nahm sie ein Stück glühender Holzkohle aus dem Kohlenbecken und las den Brief bei dieser ungewissen Beleuchtung. Ein Anblick, der mich ergriffen hat.

LANDAUFENTHALT

Als ich in Kiyomidzu weilte und dem eintönigen Zirpen der Zikaden lauschte, wurde mir ein Brief der Herrin auf feinem chinesischem Papier von blaßroter Farbe überreicht. Ich öffnete ihn und las:

Klingt am Berg die Abendglocke,
zähl' bei jedem goldnen Schlag,
wie mein Herz verlangt nach Dir!
So in meinem Herzen zähl' ich
jede Stunde, die Du fern bist,
jede Stunde, die ich bin allein.

Da ich weder an lange Vorbereitungen denken konnte, noch geeignetes Papier in meinem Gepäck besaß, schrieb ich meine Antwort auf eines der künstlichen rosa Lotosblätter, wie man sie in den Tempeln benutzt.

PILGERFAHRTEN

Ein junger Mann aus guter Familie, der sich in die Einsamkeit des heiligen Berges von Mitake zurückzieht, um zu fasten, ist sehr zu bedauern. Um in der Dämmerung beten zu können, muß er sich von seiner Familie trennen. Ich möchte wohl wissen, ob seine Liebste sich dann heimlich im Morgengrauen hinausstiehlt, um die geliebte Stimme zu hören! – Doch wie glückbringend ist's, wenn er dann wohlbehalten in den Schoß der Familie zurückkehrt, ein wenig abgerissen, mit zerfetztem Hut, aber als Sieger!

*

Immer wieder hatte ich gelesen, daß selbst hohe Persönlichkeiten sehr schlicht gekleidet zum heiligen Berg pilgern. Fürst Nobutaka aber war anderer Auffassung. Er meinte: »Wie töricht! Warum soll man dazu aussehen wie ein Habenichts, warum nicht hübsche Anzüge tragen, zumal doch der göttliche Geist des Mitake niemals verkündet hat: Du mußt aussehen wie eine Vogelscheuche, wenn du zu mir hinauf wanderst um zu beten!«

Gesagt, getan. Am letzten Märztag trat er seine Pilgerfahrt an, in weiten Hosen von dunklem Purpur, unter seinem weißen Mantel leuchtete ein grünes, gelb gesäumtes Gewand hervor. Fürwahr, ein Anblick von bezaubernder Heiterkeit! Sein Sohn leistete ihm Gesellschaft in grünem Obergewand, karmesinrotem Anzug und einem langen Kittel, der mit auffälligen Verzierungen geschmückt war.

Alle, die den Berg hinauf oder hinab stiegen, blieben stehen, um das seltsame Paar zu betrachten, denn niemals zuvor hatte man zwei so festlich geschmückte Gestalten auf diesem Berge gesehen.

Am letzten Apriltage kam der Fürst zurück, und um den zehnten Mai herum erhielt er den schönen Posten Chikuzen no Kami's, der also zu sehr angemessener Zeit starb. Man schwätzte viel darüber und stellte fest, daß der Gott von Mitake zum mindesten seine Prachtgewänder nicht übelgenommen habe.

DER ARITOSHI-SCHREIN

Einst ritt Tsurayuki, der Dichter, den sie jetzt Aritoshi nennen, an diesem Heiligtum vorüber. Da begann sein Pferd zu lahmen. Rasch schrieb er ein Gedicht und brachte es im Heiligtum als Opfer dar, denn er wußte wohl, daß der Gott dieses Schreins Krankheiten und Gebrechen heilt. Und siehe da: das Pferd wurde bald darauf wieder gesund.

Zur Zeit dieses Dichters lebte ein Kaiser, der nur junge Leute in seinem Reich dulden wollte. Er ließ also ein Gesetz ergehen, wonach alle Leute, die vierzig Jahre und darüber waren, ihm aus den Augen gehen mußten. Da verließen alle älteren Menschen die Hauptstadt und verbargen sich irgendwo in entlegenen Bezirken des Landes.

Nun war aber damals ein Edelmann in der Hauptstadt des Reiches, der seine siebzigjährigen Eltern lieb und wert hielt als ein treuer Sohn und es nicht übers Herz brachte, sie in die Verbannung gehen zu lassen. Deshalb grub er heimlich in der Nacht einen Keller unter seinem Hause, worin sie leben konnten, wo er sie täglich sehen und sich um ihr Wohlergehen sorgen durfte. Danach berichtete er bei Hofe, daß seine Eltern nicht mehr anwesend seien.

Wie kann es aber auch einen Verstoß gegen die Gesetze bedeuten, seine eigenen Eltern zu verstecken! Damals zu leben, muß schrecklich gewesen sein.

Der alte Vater unseres Edelmanns war aber sehr scharfsinnig und klug, und sein Sohn nicht minder, wie sich zeigen wird. Zu dieser Zeit nämlich bekam der Kaiser von China Eroberungsgelüste und sann, wie er unseren Inseln beikommen könnte. Um unseren Geist zu prüfen, versuchte er, uns mit schwierigen Rätseln zu fangen.

Als erstes sandte er einen hübsch polierten Holzklotz, etwa zwei Fuß lang, mit der Frage, was bei diesem Holz Anfang und was Ende sei. Niemand konnte die Frage beantworten, und der Kaiser war sehr erregt. Rasch lief der Edelmann zu seinem greisen Vater und fragte ihn um Rat. Der alte Vater sagte: »Wirf den Klotz in ein schnellfließendes Wasser, quer zur Strömung. Nach einigen Umdrehungen wird die Stirnseite stromab zeigen.« Der Edelmann unterbreitete mit gelehrter Miene diesen Vorschlag dem Kaiser, und die Lösung des Rätsels gelang.

Jedoch, bald darauf sandte der Kaiser von China zwei Schlangen und ließ fragen, welche männlich und welche weiblich sei. Niemand vermochte es zu sagen. Nur der greise Vater unseres Edelmannes wußte Rat. Er sagte: »Lasse die beiden Schlangen Seite an Seite legen, so daß die beiden Schwanzenden einen schmalen laubreichen Zweig gerade berühren. Die Schlange, die sich zuerst bewegt, ist die weibliche.« Auch dieser Versuch gelang, und nachdem man die eine Schlange gekennzeichnet hatte, sandte man beide zurück nach China.

Eine Weile verging. Dann wurde dem Kaiser ein Edelstein gesandt, der hatte winzige Öffnungen an beiden Seiten, durch einen siebenfach gewundenen Durchbruch miteinander verbunden. Die Aufgabe des Kaisers von China aber lautete: »Wir bitten, einen Faden hindurchzuziehen. Hierzulande kann das fast jeder.«

Da war nun große Not. Selbst die geschicktesten Künstler versagten. Einzig der greise Vater wußte wiederum eine List. Er riet seinem Sohne: »Fange zwei große Ameisen und befestige einen dünnen Faden um ihre Mitte. Ans Ende dieses Fadens mußt du dann einen stärkeren binden, und dann klebe an die eine Öffnung des Kleinods etwas Honig.«

Der Sohn tat, wie ihn der Vater geheißen. Die Ameisen witterten den Honig, verfolgten seine Spur durch die sieben Windungen hindurch und zogen den Faden mit sich. Da sagten die Chinesen: »Japan ist zu klug für uns«, und ließen ab, den Kaiser mit Fragen zu bedrängen.

Dem jungen Edelmann bot der Kaiser die höchsten Würden im Staate an. Er aber erbat sich eine einzige Gunst, daß nämlich die verbannten Alten zurückkehren und ihre Tage in Frieden beschließen dürften. Der Kaiser erfüllte diese bescheidene Bitte sogleich. Die Verbannten kehrten heim, und der treue Edelmann wurde zum Minister des Reiches ernannt.

Ob wohl der greise Vater später zum guten Gott dieses Schreines geworden ist? Es wird nämlich berichtet, daß er einem der Andächtigen im Traum erschienen sei und zu ihm gesagt habe:

Wer unter den Sterblichen wohl
erinnert des Mannes sich noch,
der wußte, den Faden zu ziehn
durchs Kleinod der Sieben Pfade?

Vielleicht daher der Name Aritoshi – der Ameisenpfad?

TEMPELAUFENTHALT

Trifft man im Januar zu einem längeren Aufenthalt im Tempel ein, dann ist es meist bitter kalt. Schön ist ein klirrender Frost, wenn es zuvor tüchtig geschneit hat, aber wie häßlich sind Tauwetter und Regen!

Als ich den Hatsusetempel besuchte, fuhr unser Wagen an der Treppe vor, während man noch unsere Zimmer vorbereitete. Junge Priester in Laientracht und hohen Holzschuhen sprangen die Stufen sorglos hinauf und hinunter und murmelten dabei heilige Sprüche, die ihnen gerade in den Sinn kamen. Ich wollte mich schon am Geländer festklammern, um nicht zu fallen, aber die hölzernen Stufen waren so bequem, daß es Vergnügen machte, sie hinaufzusteigen.

Endlich rief man, daß unsere Zimmer fertig seien. Wir erhielten Pantoffeln und durften eintreten. Es waren viele Pilger anwesend, manche hatten die Innenseite ihres Gewandes nach außen gekehrt, um bescheidener zu wirken, andere trugen wieder die feierliche chinesische Kleidung, aber alle schlurften in Filzpantinen durch die Gänge. Das erheiterte mich, weil es so an den Kaiserpalast erinnerte!

Da und dort standen Tempelschüler und warnten uns vor unverhofften auf- und abwärts führenden Stufen. Vor uns ging eine größere Gruppe. Als unser Führer bat, Platz für uns zu schaffen, traten einige ehrerbietig zur Seite, andere aber hasteten achtlos weiter, um sich die vorderen Plätze für den Gottesdienst im Heiligtum zu sichern.

Viele Menschen standen rechts und links, und es war mühsam, sich einen Weg vorwärts zu bahnen, aber als ich das Altargitter vor mir sah, war alle Mühsal vergessen, nur die Verehrung des Göttlichen fand Raum in meinem Herzen. Wie hatte ich so lange zögern können, ehe ich wieder den Weg zu diesem Heiligtume fand!

Die Lampen sind meist kostbare Geschenke von Pilgern, und in ihrem milden Schein leuchtete das Antlitz des Buddha. Priester von hohem Rang lasen Gebete und Bitten der Pilger, und ihre Gebärden waren von tiefer Andacht und Ehrfurcht erfüllt. Es war so unruhig, daß man ihre Worte nicht genau verstehen konnte, plötzlich jedoch unterschied ich eine leise, aber klare Stimme, die mein eigenes Opfer von tausend Lampen darbrachte. Als ich mich demütig neigte, reichte mir ein junger Tempelschüler einen chinesischen Aniszweig und bat, ihn für mich opfern zu dürfen. Ich war entzückt von seinem liebenswürdigen Benehmen.

Dann erschien auch der Priester, fragte, ob seine bescheidene Andacht mein Wohlgefallen gefunden habe, und erkundigte sich, wie lange ich zu bleiben gedenke, wobei er nicht vergaß, mir die angesehensten Besucher aufzuzählen.

In unser Zimmer wurde ein Kohlenbecken gebracht, einige Früchte und die Wascheinrichtung, die nur aus einem kleinen Wasserfäßchen und einem henkellosen Waschbecken bestand.

Die Glocke ertönte, zum Zeichen daß eine Heilige Schrift während der Messe gelesen wurde, und Ruhe und Frieden senkten sich in mein Herz.

Nach Einbruch der Dunkelheit kamen noch Besucher und wünschten, über Nacht zu bleiben. Es war erstaunlich zu sehen, wie geschickt die kleinen Tempelschüler die hohen Wandschirme hin und her schoben, Matten legten und Bambusvorhänge mit einem raschelnden Geräusch herunterließen. Man hörte die ruhige Stimme einer alten Hofdame mahnen: »Seid vorsichtig! Diese Räume hier fangen sehr leicht Feuer!«

Die ganze Nacht hindurch fand ein geräuschvoller Gottesdienst statt, und ich konnte keinen Augenblick schlafen. Endlich, nach der Frühmesse, nickte ich ein wenig ein. Da begann jemand die Kwannonschrift herzusagen oder besser: zu bellen. Schön klang es nicht.

Ende Februar oder Anfang März, wenn die Zeit der Kirschblüte naht, ist ein Tempelbesuch besonders hübsch. Wie oft kommen dann zwei oder drei Kavaliere inkognito, um dem Tempel einen Besuch abzustatten. Sie tragen hübsche Röcke, kirschfarben oder weidengrün, und hochgegürtete weite Hosen. Einer aus ihrem Gefolge ist mit einem hübsch gestickten Picknickbeutel beladen, andere, in Jagdkostümen von pflaumenroter Farbe, tragen Kirschzweige. Die ganze Gesellschaft schreitet unter den Klängen eines kleinen Gongs einher. Ein bezauberndes Bild! Manchmal luge ich durch den Bambusvorhang und denke: Ist er's, der da draußen vorbeigeht? – Aber wie kann er wissen, daß ich hier im Tempel weile! – Er geht weiter! Nicht, daß ich ihn wirklich sehen möchte, aber eine winzige Verstimmung bleibt doch zurück.

Die Wahrheit ist: ein langer Tempelaufenthalt oder eine Reise taugt nicht, wenn man nur auf seine Dienerschaft angewiesen ist. Wieviel besser ist es doch, mit klugen Freunden zusammen zu sein, mit denen man plaudern kann. Sicherlich, auch unter den Dienern gibt es angenehme Menschen, aber man kennt sie schon zu lange und zu genau.

Ich vermute, daß die meisten Männer meine Meinung teilen, denn welche Mühe verwenden sie oft darauf, bis sie eine nette Gesellschaft zusammengebracht haben!

FERIEN

Eine Hofdame, die in die Ferien geht, sollte beide Eltern noch unter den Lebenden wissen. Sie wird es am besten in einem Hause treffen, wo ständig Leute aus- und eingehen, wo es selbst in den inneren Gemächern immer lebhaft zugeht und am Tor die Reiter sich drängen. Lieber ein wenig mehr Lärm als zu wenig!

Wie unangenehm ist's, in einem fremden Hause zu leben, und ein Freund vom Hofe kommt, dich offen oder im geheimen zu besuchen, sei es gerade nur, um zu fragen, wie lange du noch zu bleiben gedenkst, oder um sich zu entschuldigen, weil er nicht geschrieben hat. »Ich wußte nicht einmal, daß Sie Ferien haben«, heißt die gewöhnliche Ausrede in solchen Fällen. Wie unangenehm wird die Lage, wenn es sich um deinen Geliebten handelt, und der Hausherr erscheint und macht eine kleine Szene in dem Stil »Sehr gefährlich, jetzt, mitten in der Nacht« und so fort, und das nur, weil man die vordere Tür einen Augenblick geöffnet hat, um den Besucher hereinzulassen.

Ist die Zeit ein wenig fortgeschritten, so heißt es: »Ist das große Tor verriegelt?« und der Torhüter knurrt beleidigt: »Ist noch ein Fremder drinnen – soll ich den denn einschließen?« »Ei, so schließe das Tor nur gleich, wenn er geht«, lautet die Antwort. »In der Nachbarschaft sind in letzter

Zeit häufig Einbrüche vorgekommen.« Solche Gespräche belauscht man unfreiwillig nicht gern!

Später steckt dann der Hausherr in regelmäßigen Abständen den Kopf aus dem Fenster, zum Ergötzen der Gefolgsleute, die unser Besuch mitgebracht hat. Ach, und wenn diese Gefolgsleute gar die Stimme des ängstlichen Hausherrn nachahmen! Welchen Lärm würde es setzen, wenn er sie hörte!

Auch kann es vorkommen, daß jemand, der in keiner Weise dein Liebhaber ist, es vorzieht, am späten Abend zu kommen. Dann wird er versuchen, der Grobheit deines Wirtes aus dem Wege zu gehen und mit den Worten: »Nun ja, es ist ziemlich spät, und da es so schwierig ist, das Tor zu öffnen...« sich rasch wieder empfehlen.

Vielleicht ist es aber auch ein Besucher, den die Dame sehr gern hat, und obwohl sie ihm wieder und wieder versichert, daß sie ihn nicht empfangen kann, bleibt er draußen vor ihrer Tür stehen, wartend, bis die Morgendämmerung heraufkommt. Dann ruft der Torhüter, der während seiner nächtlichen Runden immer wieder zögernd am Tor angehalten hat, mit einer Stimme, die sich nicht überhören läßt: »Der Morgen ist da!« (Als ob er noch nie einen kommenden Morgen erlebt hätte!) »Und«, fährt er fort, »das Haupttor hat die ganze Nacht über offen gestanden!« Zu allem Überfluß verriegelt er nun, im hellen Tageslicht, noch das Tor!

Im Hause richtiger Eltern würde dergleichen nie geschehen, aber mit Stiefeltern oder gar im Haushalt eines Bruders hat man wirklich nur Ärger! Nie weiß man, wie sie einen solchen Besuch auffassen.

Was ich liebe, ist ein Haus, wo niemand sich um das große Tor kümmert, wo niemand fragt, ob es Mitternacht oder Morgen ist, wo man immer hinausgehen und sich mit seinen Besuchern unterhalten kann, vielleicht mit einem Prinzen des kaiserlichen Hofstaates, wo man während einer langen Winternacht die Fensterläden offen lassen und, wenn der Besucher einen verläßt, ihm noch ein Weilchen nachschauen kann. Das ist besonders hübsch, wenn er bei Anbruch der Dämmerung aufbricht und draußen anhebt, auf seiner Flöte zu spielen. Ist er dann in der Ferne verschwunden, beeilt man sich keineswegs, wieder ins Bett zu kommen, plaudert noch mit jemandem über den Besuch, überblickt noch einmal die Gedichte, die er gemacht hat, und schläft dann ganz allmählich ein.

WORÜBER MAN DIE GEDULD VERLIERT

Man empfängt einen Brief des fernen Geliebten. Die Reisstärke, mit der er verschlossen ist, klebt so fest, daß man beim Versuch, den Brief zu öffnen, wahnsinnig werden könnte!

Man hat einen eiligen Besuch zu machen. Irgend jemand hat sich für die bewußten »wenigen Minuten« den Wagen ausgeliehen mit dem Versprechen, ihn gleich zurückzuschicken. Rollt dann ein Wagen auf der Hauptstraße, denkt man aufgeregt: das muß er sein – und er fährt just in der anderen Richtung. Zum Verrücktwerden!

Umgekehrt: wenn man für die ganze Gesellschaft einen Wagen genommen hat, um zu einem Schauspiel oder einer religiösen Feierlichkeit zu fahren, und die Elenden werden nicht fertig, so daß man endlos lange warten muß.

Wenn man in aller Eile ein Gedicht beantworten soll. Kein gescheiter Einfall stellt sich ein! Sicherlich soll man Antworten an Liebhaber nicht überstürzen, aber der Fall kann eintreten. Wenn zwei Menschen sich verlieben, dann ist die Zeit oft so kostbar, daß manches Mal alles in einem Augenblick entschieden ist.

UNERFREULICHES UND UNANGENEHMES

Ein Gast, der lange Reden hält, wenn man's eilig hat.

Während man einen Gast empfängt und mit ihm plaudert, dringt aus einem benachbarten Zimmer ungedämpft allerlei Familienklatsch herüber, und man kann doch nicht »pst!« machen oder sie sonstwie warnen!

Ein Kavalier, der sich zu betrinken pflegt und dann dieselbe Geschichte wohl ein dutzendmal erzählt.

Man äußert offen seine Meinung über einen Menschen, ohne zu ahnen, daß er zuhört. Auch wenn es niemand Besonderes ist, unsere Überraschung und Bestürzung bleibt die gleiche!

Ein Mann, der eigene Gedichte vorträgt, die alles andere als gut sind, und noch damit prunkt, daß andere sie gelobt haben. Unausstehlich!

Sein Gegenstück: die Dame, die wirklich nichts vom Kotospiel versteht und sich doch voller Stolz hören läßt – noch dazu in Anwesenheit einer anderen, die meisterhaft spielt!

Ein Haar in der Schreibtusche – oder ein Stein im Tuschkästchen.

Jemand ist plötzlich erkrankt, und man läuft zum Arzt. Zu Hause ist er nicht, und an dem Ort, wo er zu finden sein soll, ist er auch nicht. Man sucht weiter. Dann wartet man endlos lange.

Endlich kommt er. Man ist hocherfreut, bringt ihn zum Kranken und hofft, daß er ihn rasch gesund machen wird. Aber kaum sitzt er am Krankenlager, da schläft er vor lauter Müdigkeit ein.

Ein Mensch, der nichts von einer Sache versteht und unaufgefordert mit stolzer Miene und großem Nachdruck darüber urteilt.

Ein weinendes Kind, wenn man einem bestimmten Geräusch lauscht.

Scharen krächzender Raben.

Ein Hund, der bellt, wenn ein heimlicher Besucher zu dir kommt.

Summende Mücken, wenn man gerade einschlafen will.

Ein Mensch, der auf einem knarrenden Wagen fährt. Wie unangenehm, wenn man solch einen Wagen gemietet hat!

Menschen, die bei jeder Geschichte ihr liebes Ich in den Mittelpunkt stellen.

Überhaupt alle Menschen, die sich vordrängen.

Geht man freundlich mit Kindern um und gibt ihnen hübsche Dinge zum Spielen, so wollen sie schließlich alles behalten, und am Ende liegen die Dinge überall zerstreut und vielleicht sogar zerbrochen am Boden umher.

WAS MAN BEDAUERT

Wenn andere Leute betrübliche Geschichten erzählen und darüber weinen, und dir gelingt nicht eine einzige Träne, obwohl du mit ihnen fühlst. Mir geht es immer so!

Dafür geschieht es oft, daß ich bei einem freudigen Ereignis in eine Sturzflut von Tränen ausbreche. Als zum Beispiel der Herrscher von einem Besuch in Nawata zurückkehrte, ließ er den Zug in der Nähe des Hauses seiner Mutter anhalten und ihr Grüße als Zeichen seiner Ehrerbietung überbringen. Das war gewiß ein glückbringender Anblick, und doch mußte ich weinen, und die Tränen hinterließen häßliche Flecke in meinem sorgsam gepuderten Gesicht. Kann man sich etwas Dümmeres vorstellen?

Sehr zu bedauern ist das Haus eines Mannes, dem es nicht gelingt, eine angesehene neue Staatsstellung zu erhalten. Jedermann ist überzeugt, daß es ihm in diesem Jahr gelingen werde. Seine Gefolgsleute und die Dienerschaft strömen vom Lande her in seiner Stadtwohnung zusammen, um an der »Siegesfeier« teilzunehmen, und das Lärmen ankommender Wagen verstummt nicht einen Augenblick. Wenn der Herr sich vor den Heiligen Schrein oder gar in den Tempel begibt, um zu beten, schließen sich alle in einem langen Zuge an. Sie sind alle vergnügt und verleben eine lustige Zeit mit Schmaus und Trinkgelage. Aber nun kommt das Verrückte: Selbst wenn die Abenddämmerung des letzten Ernennungstages kommt, liegt noch keine Nachricht vor, die seinen Erfolg bestätigt. Sehr merkwürdig! Plötzlich hört man eine Stimme! Nein, es sind nur die Beamten, die nach der feierlichen Bestallungsaudienz den Palast verlassen. Endlich erscheint der Vertrauensmann, der sich seit dem frühen Morgen im Palast aufgehalten hat, um die Erfolgsaussichten seines Herrn zu sondieren. Er ist müde und zittert vor Kälte, und niemand wagt, ihn zu fragen. Schließlich fragt draußen jemand: »Aber welches neue Amt wurde denn nun unserem Herrn übertragen?« – Keine Antwort, nur ein langes Schweigen. Alle Leute, die von diesem Herrn abhängig sind, sind bitter enttäuscht. Am nächsten Morgen ist die fröhliche Menge der vorangegangenen Tage verschwunden. Alte, im Dienst ergraute Männer, die voller Hoffnungen waren, wandern enttäuscht zu ihren Plätzen zurück.

Bitter ist's, wenn ein Kavalier in deiner Gegenwart eine andere Dame lobt, mit der er vor langer Zeit vertraut umging. Zu denken, daß das jetzt, in dieser Stunde so wäre. – Und trotzdem: vielleicht wäre das nicht so schwer zu ertragen wie das erste!

WAS MAN BENEIDET

Man versucht, ein Stück der Heiligen Schriften auswendig zu lernen, sagt es immer wieder her, bleibt immer wieder stecken oder vergißt etwas – und dann hört man Mönche und Nonnen, die gerade dieses Stück vollkommen leicht und mühelos rezitieren. Wie man sie beneidet und zweifelt, ob man es ihnen jemals wird gleichtun können!

Eines Tages beschloß ich, zum Inari-Schrein zu pilgern. Als ich das mittlere Heiligtum erreicht hatte, war ich erschöpft, und als ich mich mühsam weiterschleppte, holten mich immer wieder frisch und ausgeruht aussehende Pilger ein. In der Morgendämmerung war ich aufgebrochen, und dennoch hatte ich gegen zehn Uhr erst eine Hälfte des hügelaufwärts führenden Weges überwunden. Es wurde heißer und heißer, und ich war so ermattet, daß ich einfach weinte. Ich setzte mich nieder und dachte: »Warum muß ich gerade hierher kommen, um zu beten und diese unmenschliche Anstrengung auf mich nehmen, während unzählige Leute niemals darauf verfallen?« Just in diesem Augenblick kam eine etwa dreißigjährige Frau vorbei. Sie hatte nicht einmal ein Reisekostüm, nur einen gewöhnlichen, jetzt hochgeschürzten Rock. Sie schritt bergab und sagte zu ihren Gefährten: »Ich gedenke heute siebenmal hinaufzusteigen und zu beten. Dreimal war ich schon oben, und vom vierten Mal ab wird es mir gar nichts mehr ausmachen. – Sicherlich werde ich heute mittag um zwei Uhr mit diesem Hügel fertig sein.« An keinem anderen Ort der Welt würde ich diese Person überhaupt beachtet haben, aber an diesem Tage beneidete ich sie tatsächlich aus vollem Herzen!

Alsdann beneide ich alle Frauen, die schönes Haar haben (besonders die mit hübsch in die Stirn gewachsenen Ponies), ferner die, welche hübsche Briefe schreiben, zierliche Gedichte machen können und mit allem leicht fertig werden.

Ich beneide meinen Mitspieler, wenn er beim Puffspiel einen guten Wurf tut.

Und endlich: wie sehr ist ein Heiliger zu beneiden, der der falschen Welt für immer ade sagt!

ZAHNSCHMERZEN

Ein siebzehn- oder achtzehnjähriges Mädchen von guter Figur, mit wundervollem Haar, das in breiter Flut den ganzen Rücken bedeckt. Eine zarte, blasse Hauttönung hat sie auch – wirklich eine kleine Schönheit.

Aber im Augenblick hat sie fürchterliche Zahnschmerzen. Tränen rollen über ihre Wangen, und sie bemerkt nicht einmal, in welcher Unordnung sich ihre hübschen Locken befinden. Da, wo sie die Hand an die schmerzende Stelle gepreßt hat, zeichnen kleine rote Stellen sich auf ihrem blassen Gesichtchen ab, was ganz reizend aussieht –

UNSCHICKLICHES

Eine Dame mit dürftigem Haarwuchs, die mit Vorliebe kostbare weiße Damastgewänder trägt.

Künstliche Locken und Stockrosen hineingeflochten.

Armseliges Geschreibsel auf elegantem rosa Papier.

Eine Dienstmagd in vornehmem Purpurrock – neuerdings die allgemeine Mode!

Schnee auf armseligen Hüttendächern. Auch um den Mondschein darauf ist's schade.

Eine Ehefrau der niederen Stände, die mit ihrem geistlosen Gatten glänzen möchte. (Manchmal gelingt es solchen Frauen sogar, einen wirklich klugen Mann um ihren kleinen Finger zu wickeln!)

Eine wohlbeleibte, ältere Frau mit einem jungen Liebhaber. Besonders wenn sie eifersüchtig ist und errät, daß er jungen Frauen nachläuft!

Eine alte Hexe, die Pflaumen kaut und dabei das Gesicht verzieht.

Ein hübscher Mann und eine häßliche Frau.

TRÖSTLICHES ERLEBNIS

Einst, als eine zahlreiche Gesellschaft bei Hofe versammelt war, plauderte die Herrin mit uns Damen, und während des Gesprächs bemerkte ich: »Wenn ich sehr niedergeschlagen bin und so mit aller Welt zerfallen, daß ich wünschte, sie verlassen zu können, um in die Einsamkeit zu fliehen, und finde dann einen hübschen weißen Bogen Papier und einen guten Schreibpinsel, o, wie tröstet mich das, wie spüre ich dann, daß es auszuharren gilt, daß sich dieses Leben noch ein wenig länger ertragen läßt! – Ähnlich ergeht mir's, wenn ich eine zarte grüne Matte sehe und das schwarze Muster ihrer Damastkante. Breite ich sie aus, dann weiß ich: nie werde ich den Staub dieser Welt aus Groll gegen das Leben von den Füßen schütteln!«

Die Kaiserin antwortete lachend: »Ei, das muß ich sagen, Sie sind leicht zufriedenzustellen!« Die anderen Damen pflichteten ihr bei und sagten: »Fürwahr, ein leichter Weg, um seinen Seelenfrieden zu erringen!«

Lange Zeit nach diesem Gespräch verbrachte ich sehr einsame niedergeschlagene Ferienwochen auf dem Lande, als die Kaiserin mir eines Tages dorthin unverhofft ein Paket sandte. Es enthielt zwanzig Lagen des köstlichsten Papiers und folgende Botschaft: »Kehren Sie bald zu uns zurück. Die Kaiserin sendet dieses Geschenk, eingedenk Ihrer Worte, und fragt, ob es nicht heilsam wäre, das ›Lob des langen Lebens‹ darauf niederzuschreiben.«

Ein reizender Gedanke. Du glaubst, von aller Welt vergessen zu sein, und dann erinnert sich gar eine Kaiserin deiner! Ich war so froh und erregt und überlegte hin und her, was ich antworten sollte. Schließlich fand ich den Zweizeiler:
»Wen einer Göttin Huld lohnt so auf Erden, wird sicherlich alt wie der Kranich werden!« und fügte hinzu: »Ich frage mich nur, ob das nicht auf ein zu langes Leben hoffen heißt.«

Der Frau, die als Botin gekommen war, schenkte ich ein hübsches grünes Kleid zur Belohnung. Aus dem Papier aber fertigte ich mir eine Art Schreibbuch, und dieses Buch trug in der Folge viel dazu bei, mich meine Sorgen vergessen zu lassen.

Nach zwei Tagen wurde mir heimlich eine Schlafmatte, ein wundervoll gearbeitetes Stück, als Geschenk überbracht. Mein Herz erriet die gütige Geberin!

Ich schrieb einen Dankbrief, aber mein Bote, der ihn heimlich auf der Balustrade des Palastes niederlegen sollte, war so ängstlich, daß der Brief ihm aus der Hand glitt und lustig schaukelnd unter einem Brückenbogen verschwand.

SELTENE DINGE

Ein Bräutigam, den der Schwiegervater gern sieht.

Eine Braut, die der Schwiegermutter gefällt.

Ein Gefolgsmann, der niemals seinen Herrn verleumdet.

Leute, die im gleichen Dienst stehen und doch höflich und rücksichtsvoll in ihrem Benehmen bleiben.

Männer, Frauen und Priester, die einander lebenslänglich Freundschaft bewahren.

Eine Menge Bücher zu erwischen, von denen man noch kein einziges kennt.

Nach langem Fragen und Suchen den zweiten Band eines Buches zu finden, von dem man nur den ersten erstehen konnte. Eine aufregende Jagd! (Und wie oft ist man dann über seinen Inhalt enttäuscht!)

Und gefärbte Seide, von der man sagt: »Sie ist wirklich vollkommen gelungen!«

In der Tat seltene Dinge!

DAS ENDE

Es ist so dunkel geworden, daß ich nicht weiterschreiben kann. Auch die Schreibpinsel sind aufgebraucht, und ich glaube, es ist Zeit, diese Aufzeichnungen abzuschließen.

In diesen Heften habe ich während der Mußestunden, die mir der Dienst als Hofdame vergönnte, niedergeschrieben, was meine Augen gesehen und mein Herz gedacht hat. Da manche Stellen darin enthalten sind, an denen ich mich über Menschen lieblos und absprechend geäußert habe, gedachte ich, diese Aufzeichnungen zu verbergen. Trotzdem sind sie nun, sehr zu meiner Betrübnis, auch anderen bekannt geworden.

Als die Herrin einst von Naidaijin dieses hübsche Papier erhielt, fragte sie mich, was man darauf schreiben solle. Der Kaiser schlug vor, es zu einer Abschrift der »Historischen Denkwürdigkeiten« zu benutzen. Als ich aber äußerte, es wäre schön, ein Skizzenbuch unterm Kopfkissen zu besitzen, schenkte mir die Herrin den ganzen Stoß.

Ich begann nun, in diese Kopfkissenhefte alles einzutragen, was mir in den Sinn kam und mein Herz bewegte. Hätte ich es darauf angelegt, sie mit Neuigkeiten aus aller Welt, mit Aufzeichnungen über seltsame Erlebnisse, seltsame Menschen und Dinge zu füllen oder gar mit ausgesucht schönen Gedichten und Betrachtungen über Kräuter und Bäume, Vögel und Insekten, so hätte ich sicher nur Tadel geerntet. Meine Gegnerinnen hätten mit Spott nicht gespart und gesagt: »Es ist noch schlechter, als wir es erwartet hatten! Wie deutlich zeigt sich nun ihr geringes Talent!«

Da ich aber nur zu meiner Belustigung aufschrieb, was mir einfiel, kunterbunt durcheinander, dachte ich, man würde erst recht ungünstig urteilen, nun, da fremde Augen meine Aufzeichnungen gelesen haben. Aber ich habe so viel Lob geerntet, daß ich beschämt bin!

Wie sollte ich dieses Lob auch verdient haben! Was die Welt verabscheut, nenne ich gut, und was sie preist, nenne ich schlecht. O, wie lassen diese Blätter jeden in mein Herz schauen! Wie bedauere ich, daß sie so allgemein bekannt geworden sind!

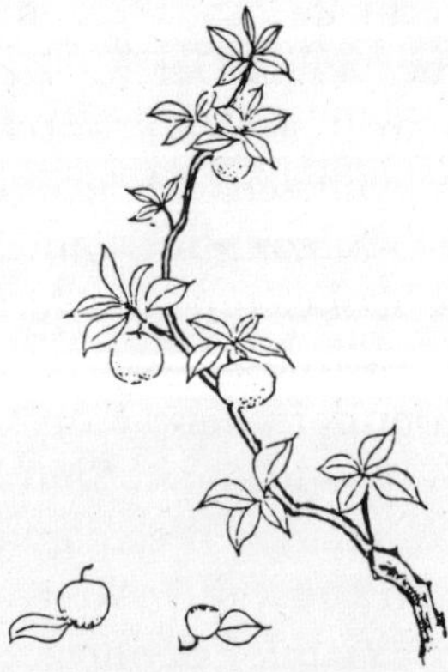

NACHWORT

Ein junges Edelfräulein kommt als Hofdame in den kaiserlichen Palast, gewinnt die Zuneigung der jugendlichen Kaiserin und damit eine angesehene Stellung inmitten der glänzenden Hofgesellschaft, behauptet diese Stellung nach dem frühen Tode der Herrin fast zehn Jahre und verbringt die letzten Lebensjahre in der Einsamkeit eines Klosters – ein Lebenslauf, der sich äußerlich in nichts von den Schicksalen europäischer Adelstöcher unterscheidet.

Was *Sei Shonagon* über ihre namenlosen Schwestern hinaushebt und zu einer unsterblichen Figur der Weltliteratur macht, ist, daß sie in ihren Mußestunden ein Tagebuch geführt hat und daß dieses Tagebuch uns heute, nach mehr als neunhundert Jahren, so lebendig anspricht, als ob es von einer geistreichen Frau unserer Tage geschrieben sei. Die Dame Sei hat darauf verzichtet, eine nüchtern von einem Tag zum andern fortlaufende Chronik des Lebens am *Hofe von Heian* niederzuschreiben. In köstlichen Miniaturen hat sie eines der frühesten Meisterwerke der japanischen Literatur geschaffen. Was gäben wir darum, ein solches Tagebuch aus dem zeitgenössischen deutschen Geschichtsraum, aus der Zeit der großen Sachsenkaiser, zu besitzen, etwa vom Hofe Kaiser Ottos des Großen!

So wie es im Dasein des einzelnen Menschen

Zeiten gibt, in denen das Leben gleichsam an Dichte gewinnt, in denen zuweilen eine glückliche Stunde gewährt, worum wir uns Wochen und Monate vergeblich bemüht, so kennt auch das Leben der Völker schöpferische Jahrhunderte, von deren Glanz noch späte Geschlechter zehren, jene goldenen Zeitalter, in denen plötzlich und unerwartet eine reiche Kultur sich entfaltet, wie die unzähligen Blüten eines Kirschbaumes sich heimlich in einer Frühlingsnacht öffnen.

Das goldene Zeitalter der japanischen Kultur sind die Heian- und die nachfolgende Fujiwaraperiode, nach unserer Zeitrechnung die Jahre 800 bis 1200. In diesen vierhundert Jahren bildet sich eine eigenständige nationale Kultur, während gleichzeitig die geistigen Beziehungen zur großen Mutter Asien, insbesondere zu Indien und China, vertieft und ausgebaut werden.

Im Anfang dieser Entwicklung steht die Gründung der neuen »Residenz des Friedens und der Ruhe« zu *Heian,* dem heutigen *Kyoto.* In langen, glücklichen Friedensjahren bildet sich hier der Mittelpunkt einer erlesenen Kultur, die zunächst rein chinesische Lebensformen pflegt, später aber zum Ausgangspunkt einer lebendigen japanischen Tradition wird, vor allem durch die literarische Tätigkeit bedeutender Frauen, zu denen außer Sei Shonagon *Murasaki Shikibu,* die Verfasserin der köstlichen »Geschichte des Prinzen Genji«, zählt, die anmutige *Akazome* und die schwermütige Dichterin *Komachi.* Diese Frauen bringen die verachtete Volkssprache zu Ehren und machen sie zum ersten Male literaturfähig.

Wie auf einer Insel der Seligen verbringt der

Hofadel, der sich meist aus Angehörigen der mächtigen Fujiwarasippe zusammensetzt, seine Tage in süßem Nichtstun. Das Waffenhandwerk, ja selbst die niederen Staatsgeschäfte bleiben untergeordneten Klassen überlassen. Es gibt Provinzgouverneure, die sich rühmen, ihre Provinz nie gesehen zu haben. Kunst und Poesie sind die einzigen Gegenstände, die in diesem romantischen Märchenreich ernst genommen werden. Einen besonderen Rang unter den Künsten behauptet die Schönschreibekunst. Schwierige chinesische Zeichen mit leichtem, sicherem Pinselstrich wiedergeben zu können, ist fast so wichtig und unerläßlich wie körperliche Schönheit. Ein Kavalier, der sich verliebt, erwartet zitternd die ersten Proben der Handschrift seiner Dame. Man vergesse nicht, daß die chinesische und japanische Malerei aus der Schreibkunst hervorgewachsen sind.

Der Buddhismus, in immer neuen Formen aus Indien herübergetragen, bildet das wichtigste Element im allgemeinen Bewußtsein des Volkes. Was diese Religion in den Augen des Hofes so anziehend macht, ist wohl vor allem die Schönheit ihres Kultes, der reiche Schmuck der Tempel, die köstlichen farbigen Gewänder der Priester und erst dann die leuchtende, stille Gestalt des Buddha. Das Rezitieren der Heiligen Schriften ist eine Kunst, die nicht nur von Priestern, sondern auch von gebildeten Laien allgemein geübt wird.

In diese Welt nun wird *Sei Shonagon* als Erbin einer reichen literarischen Familientradition hineingeboren. Ihr Vater, Kijowara-no Motosuke, Statthalter von Fi-go, gehörte zu den fünf weisen

Männern, die im Jahre 951 in kaiserlichem Auftrag eine Sammlung der schönsten alten Gedichte veranstalteten. Ihm verdankt unsere Dicherin den ersten Teil ihres Namens »Sei«, welches »Kijo« ausgesprochen den Beginn des väterlichen Geschlechtsnamens enthält, während »Shonagon« etwa mit »Kleiner Geheimer Rat« zu übersetzen wäre, eine Würde, die im alten Japan auch an Frauen verliehen wurde. Unsere Schreibweise folgt der englischen.

Der Vater der Dame Sei starb früh. Sie mochte etwa fünfundzwanzig Jahre zählen, als sie ihren Dienst bei der damals fünfzehnjährigen *Kaiserin Sada-ko* antrat. Über ihr Debüt als Hofdame hat sie selbst berichtet, und von den engen freundschaftlichen Beziehungen, die sich alsbald zwischen der Kaiserin und ihrer geistreichen Hofdame knüpften, geben die Seiten des Kopfkissenbuchs immer neue Proben.

Am 29. Dezember des Jahres 1000 starb Sei's Herrin, nachdem sie wenige Stunden zuvor einer Tochter das Leben geschenkt hatte. Es ist wahrscheinlich, daß Sei Shonagon danach in die Dienste einer jüngeren Schwester der Kaiserin trat, die als Gemahlin eines niederen Ranges ebenfalls im Palaste wohnte, aber zwei Jahre später ihrer Schwester in den frühen Tod folgte. Wir hören von Sei erst wieder im Jahre 1009, als *Murasaki Shikibu* in ihrem Tagebuch schreibt:

»Sei Shonagons ausgeprägtester Charakterzug ist ihr starkes Selbstbewußtsein. Unterzieht man jedoch ihre anmaßenden literarischen Ergüsse in chinesischer Schrift, die sie so freigebig über die Hofgesellschaft verstreut, einer genauen Kritik, so wird man bald ein von Fehlern wimmelndes Flickwerk in ihnen erkennen. Ihr Hauptvergnügen besteht darin, andere Leute vor den Kopf zu stoßen, und da jede neue Überspanntheit sich rasch totläuft, nimmt sie zu immer gröberen Methoden ihre Zuflucht, um die allgemeine Aufmerksamkeit zu erregen. Einst eine Frau von Talent und Geschmack, ist sie nun zum Spielball ihrer eigenen Launen geworden. Bald wird sie alle Chancen verscherzt haben, als ernsthafter Charakter mitzuzählen, und was aus ihr einmal werden soll, wenn sie zu alt wird, um ihre Pflichten weiter zu erfüllen, kann ich mir nicht ausdenken.«

Man sieht, eine recht boshafte Kritik. An anderer Stelle gar wirft Murasaki der Dame Sei einen recht lockeren Lebenswandel vor — und vielleicht nicht mit Unrecht. Was nun aber aus Sei geworden ist, darüber gibt es verschiedene Überlieferungen. Die uns wahrscheinlichste lautet, daß sie sich später in das Kloster Sei-guan-zi, das »Kloster der Gelübde«, zurückgezogen und einen ausgezeichneten »Gang ins Leben« zustandegebracht habe. Auch ihr Grab soll sich in diesem Kloster befunden haben. Dann gibt es eine alte Geschichte, die zumindest echt Shonagonschen Geist atmet:

Auf einem Ausflug kommen mehrere Kavaliere an einer verfallenen Hütte vorbei. Einer erwähnt, dem Gerücht nach wohne hier Sei Shonagon, eine Hofdame der vergangenen Regierungsperiode, worauf eine unglaublich magere alte Hexe den Kopf aus der Tür gesteckt und gerufen habe: »Heda, wollt Ihr alte Knochen kaufen?« Das wäre dann die letzte ihrer berühmten literarischen Anspielungen. Ihre Frage zielt auf eine Geschichte Kuo Wei's, darin behauptet wird, es gäbe so kostbare Rennpferde, daß man gut täte, später ihre Knochen zu sammeln und als Kostbarkeiten zu bewahren.

Andere boshafte Gerüchte behaupten wiederum, Sei wäre in ihren späteren Lebensjahren sehr dick und eine leidenschaftliche Reisweintrinkerin geworden. Doch sei dem, wie ihm wolle: eines bleibt ihr unbenommen, ihr Werk, der klare Spiegel ihrer Persönlichkeit. Zui-hitsu, »aus dem Pinsel geflossen«, nennen die Japaner diese Literaturgattung, deren Kunst darin besteht, Einfälle, Erlebnisse und Stimmungen plaudernd, improvisierend und gleichsam mühelos niederzuschreiben, und deren erste und unerreichte Meisterin die Dame Sei geworden ist.

Während das *»Kopfkissenbuch«* darüber hinaus für die Japaner ein wichtiges Quellenwerk zur Zeit- und Sittengeschichte bildet, konnte es die Aufgabe unserer knappen Auswahl nur sein, diejenigen Partien zu bringen, die noch heute unmittelbar zum Leser sprechen. Auch dann noch bleibt manches für den europäischen Leser fremdartig. Zu den so lockeren Formen der Liebesbeziehung sei angemerkt, daß wir einmal unsere europäischen »Moralbegriffe« außer acht lassen müssen. Hier liegt ein tiefer Gegensatz zwischen der asiatischen und unserer Auffassung vom Wesen des Erotischen, der schon in der Stellung der Geisha im gesellschaftlichen Leben Altjapans deutlich wird. Zum andern bedenke man, daß das Tagebuch Sei's nur die kleine exklusive Welt des Hofes widerspiegelt und daß in dieser Zeit die mächtigsten Sippen des Landes ihren Stolz darein setzten, ihre Töchter am Kaiserhofe leben zu lassen. Es galt als höchstes Glück der Sippe, wenn eine unter ihnen einen Sohn des Herrschers, einen Erben des Reiches, gebar. Daß daneben auch der den Japanern eigene Zug zu Gattentreue und sittenstrengem Familienleben vorhanden war, zeigen viele zeitgenössische und spätere Märchen und Geschichten.

Eine andere Schwierigkeit liegt darin, daß manche Stücke des Tagebuchs unübersetzbar bleiben. Schon der Herausgeber der Ausgabe von 1674 hielt einen umfangreichen Kommentar für notwendig. Viele der entzückenden Wortspiele und Anspielungen auf berühmte chinesische und japanische Gedichte lassen sich in europäische Sprachen nicht übertragen. Als Beispiel sei eine der berühmtesten Szenen des »Kopfkissenbuchs« angeführt, deren Reiz sich nur dem klassisch gebildeten, in der Literatur bewanderten Ostasiaten voll erschließt, während sie für uns Europäer ohne Erläuterung unverständlich bleibt:

SCHNEE AUF DEM KORAHO-GIPFEL

Eines Tages, als wir rund um ein gutes Feuer zusammensaßen und plauderten, während draußen ein mächtiger Schneesturm wütete und die Bambusläden wie gewöhnlich geschlossen waren, sagte die Kaiserin plötzlich: »Shonagon, wie mag wohl der Schnee auf dem Koraho aussehen?« – Ohne Zögern öffnete ich den Fensterladen und rollte den Vorhang hoch hinauf. Die Kaiserin lachte vor Vergnügen. Die anderen machten zuerst nicht viel Aufhebens von der kleinen Geschichte, später aber wurde sie überall erzählt und manche Verse darüber geschmiedet. Schließlich hieß es einstimmig: »Eine Dame, die dieser Kaiserin dienen will, muß wirklich Mutterwitz und Schlagfertigkeit besitzen.«

Die kaiserliche Anspielung galt einem chinesischen Berg, der durch ein Gedicht Litai-pe's in die Unsterblichkeit eingegangen ist:

»Ich hebe das Haupt von den Kissen
und höre Jaidera's Glockenton,
zum Fenster tretend lüft' ich den Vorhang aus Bambus
und erspäh'
des Koraho schneeig strahlenden Gipfel.«

Die literarische Eleganz der Kaiserin und Sei's rasches Begreifen haben diesen kleinen Zwischenfall zu einem der bekanntesten ihres Lebens gemacht. Noch heute sieht man auf japanischen Lack- und Schmiedearbeiten, wie Sei Shonagon den unsterblichen Vorhang lüftet.

H.B.

Literaturnachweis:
Die editio princeps des »Kopfkissenbuchs« erschien in der Keicho-Periode (1596–1614). Die hier vorgelegte Auswahl beruht auf der ersten deutschen wissenschaftlichen Ausgabe von Dr. A. Pfizmaier (Sitzungsberichte der Kaiserl. Akademie der Wissenschaften zu Wien, Phil.-hist. Klasse LXXXI. Band, I. Heft, Oktober 1875), die eine wörtliche Übersetzung der ersten Hälfte des ersten Bandes des japanischen Urtextes bietet, und auf den englischen Ausgaben von Nobuko Kobayashi (London 1930) und Arthur Waley (London 1928). Auch die vollständige französische Ausgabe von André Beaujard (Paris 1934) wurde eingesehen.
Außer den Kommentaren der genannten Ausgaben wurden vor allem dankbar zu Rate gezogen: Karl Florenz, Geschichte der japanischen Literatur (Leipzig 1906), Kakuzo Okakura, Die Ideale des Ostens (Leipzig 1923) und W. Gundert, Die japanische Literatur (Postdam 1929).

INHALT

Im Bechtermünz Verlag ist außerdem erschienen

Die vier edlen Wahrheiten

528 Seiten, Format 12,5 x 18,7 cm
Best.-Nr. 633 107
ISBN 3-8289-4843-X
29,90 DM

Die vier „edlen Wahrheiten" – die Wahrheiten vom Leiden, von der Leidensentstehung, von der Leidensvernichtung und von dem zur Leidensvernichtung führenden achtteiligen Pfad – bilden das Fundament der buddhistischen Weltanschauung. Sie sind eine Erlösungslehre, die Buddha gepredigt hat und die, in den indischen Dialekt des Pali übersetzt, auf uns gekommen ist. Dieses Buch enthält eine repräsentative Auswahl aus den kanonischen und nichtkanonischen Texten des Buddhismus.

Im Bechtermünz Verlag ist außerdem erschienen

Edoardo Fazzioli
Des Kaisers Apotheke

160 Seiten, Format 19,0 x 25,0 cm
Best.-Nr. 615 450
ISBN 3-8289-1885-9
25,– DM

Das chinesische *Ben Cao* aus dem frühen 16. Jahrhundert ist ein klassischer Text der chinesischen Pflanzenheilkunde und zugleich ein selbständiges Kunstwerk. Seine Buchmalereien atmen eine Offenheit, Leichtigkeit und Frische, wie sie im Westen erst über 200 Jahre später, im Rokoko und danach, erreicht wurde. 36 dieser herrlichen Miniaturen werden in diesem Buch zum ersten Mal veröffentlicht. Das *Ben Cao* ist die Frucht einer glücklichen Zusammenarbeit zwischen den Ärzten, den Buchmalern und den Dichtern am Hofe der Ming-Dynastie.